本书出版获得以下资助：
国家社会科学基金项目（22CGL051）
黑龙江省博士后科研启动基金项目（2023BSH16）
黑龙江科技大学引进高层次人才科研启动基金项目（HKD202319）
黑龙江省高校人文社会科学重点研究基地孵化项目（2022-BSRC-05）

农产品供应链动态博弈与决策研究

刘佳⊙著

知识产权出版社

全国百佳图书出版单位

—北京—

图书在版编目（CIP）数据

农产品供应链动态博弈与决策研究 / 刘佳著 . — 北京：知识产权出版社，2024.
11. — ISBN 978-7-5130-9569-3

Ⅰ. F724.72

中国国家版本馆 CIP 数据核字第 2024RP1879 号

内容提要

本书以农产品供应链为研究主体，以博弈理论和非线性动力学理论为研究基础，构建不同层级、不同环节及不同市场需求下的农产品供应链动态博弈模型，并在此基础上，分析农产品供应链企业动态博弈竞争过程及演化趋势，重点研究农产品供应链的稳定性，以及农产品销售量、价格、推广投入等关键因素对企业收益的影响。

本书可为农产品企业制定最优决策提供理论参考，并可供农林经济管理、供应链管理、企业决策等领域的专家学者及研究生参考。

责任编辑：徐　凡　　　　　　　　　　责任印制：孙婷婷

农产品供应链动态博弈与决策研究

刘　佳　著

出版发行：**知识产权出版社** 有限责任公司		网　　址：http://www.ipph.cn	
		http://www.laichushu.com	
电　　话：010-82004826		邮　　编：100081	
社　　址：北京市海淀区气象路 50 号院			
责编电话：010-82000860 转 8533		责编邮箱：laichushu@cnipr.com	
发行电话：010-82000860 转 8101		发行传真：010-82000893	
印　　刷：北京建宏印刷有限公司		经　　销：新华书店、各大网上书店及相关专业书店	
开　　本：720mm×1000mm　1/16		印　　张：10.5	
版　　次：2024 年 11 月第 1 版		印　　次：2024 年 11 月第 1 次印刷	
字　　数：180 千字		定　　价：58.00 元	

ISBN 978-7-5130-9569-3

前　言

农产品供应链是从农田到消费者的流通过程，涵盖农产品生产、加工、仓储、物流和销售等多个环节，实现农产品从生产者到消费者的高效、安全和可持续流通。有效的供应链管理可以提高农产品质量和安全性，减少浪费和损耗，降低农产品成本，提升农产品的流通效率，满足消费者对农产品的需求。然而，由于农产品具有季节性和鲜活性，农产品供应链企业面临着品质、安全、价格、市场需求等不确定性挑战。

基于以上背景，本书以农产品供应链为研究主体，结合供应链博弈理论和非线性动力学理论，分别构建同级供应链和上下级供应链企业的动态博弈模型，分析各企业之间动态博弈竞争的稳定性和演化趋势，对农产品供应链中企业的销售量调整、价格协商、广告投入等问题进行深入研究，利用混沌理论分析农产品供应链企业竞争博弈的动态演化过程，重点研究农产品供应链在不同环节、不同情形下的稳定策略选择，以及农产品供应链企业经济收益的决策问题，实现企业销售量与价格的协调匹配，形成竞争优势，提升企业绩效，推动农产品供应链企业可持续发展。本书的研究可为农产品供应链企业战略发展提供决策指导，推进混沌理论走向经济管理实际，实现农产品供应链企业动态决策与协同发展。

本书的顺利出版，要感谢笔者的导师、东北农业大学李翠霞教授，以及吉林大学刘国亮教授，黑龙江大学丁群教授对笔者的培养，感谢黑龙江科技大学谭旭红教授、洪亮教授、张倩教授、高太光教授在教学和科研工作中的帮助，感谢山东师范大学张蒙副教授提供的基金支持。

最后，感谢黑龙江科技大学公共管理学科对本书出版的资助。

目　录

第1章 绪论

1.1 研究背景及意义

1.1.1 研究背景

农业是我国的基础产业，在国民经济中占有重要地位。当前，我国正在从一个传统农业大国走向农业强国迈进。作为农业大国，农业、农村和农民问题是战略性的问题。党的二十大报告对新时代新征程"三农"工作作出了工作部署，提出"全面推进乡村振兴"，"基本实现新型工业化、信息化、城镇化、农业现代化"等方针政策。党的二十大报告同时指出，要"着力提升产业链供应链韧性和安全水平，着力推进城乡融合和区域协调发展，推动经济实现质的有效提升和量的合理增长"。

改革开放以来，我国农村发生了翻天覆地的变化，农业生产大幅增长。然而，尽管农业产量快速增长，但农民收入提升相对较慢。农产品流通不畅是农民增收的瓶颈之一。近年来，供应链概念在农产品生产和销售过程中受到广泛关注。供应链核心企业通过控制信息流、物流和资金流，实现原材料生产、中间产品生产和最终产品销售，以此形成由制造商、供应商、分销商、零售商和消费者构成的网络链结构。

本书根据农产品的内涵、特点和发展，提出农产品供应链的概念。农产品供应链是由农产品供应商农户以及农业生产和农产品加工企业、批发商、零售商、消费者组成的网络链结构，是通过对农户流、物流和现金流的控制，采购原材料、中间品、优质产品，生产成品，并销售至消费者手中的销售网络。

农业生产技术进步使得农产品的种类和质量不断提高。由于农产品生产环节的多样化和复杂性，从种植、养殖到采摘、加工，农产品生产的每一个环节都需要精细管理和高效协作，以确保农产品质量和安全。这种生产方式的变革推动了农产品供应链的形成和发展，使得农产品的生产、加工、运输和销售等各个环节能够紧密相连，形成一个有机的整体。同时，消费市场的变化也对农产品供应链产生了深远影响。随着消费者对食品安全、食品品质和服务的要求不断提高，农产品生产须更加注重产品的可追溯性、供应链的透明度和服务的便捷性。这些要求促使农产品企业不断引入新技术、新方法和新模式，提升农产品企业的竞争力。

基于以上背景，本书拟从供应链企业博弈的视角，以农产品生产商、销售商及消费者组成的农产品供应链为研究主体，采用博弈理论和非线性动力学理论，重点研究农产品供应链企业在不同环节、不同情形下的稳定策略选择，以及农产品销售量、价格和供应链企业经济收益的决策问题，并以农产品供应链同级企业和上下游企业分别构建博弈模型，分析企业之间动态博弈竞争的稳定性和演化趋势，为农产品供应链各级企业战略发展提供决策指导。本书可供农林经济管理、供应链管理、企业决策等领域的专家学者及研究生参考[1-2]。

1.1.2 研究意义

1. 理论意义

本书的研究具有开拓性、原创性和前沿性。具体理论意义如下。

（1）将经济学中的寡头垄断博弈理论与非线性动力学中的分岔和混沌理论相结合，应用到经济管理问题的研究。非线性混沌博弈模型是研究复杂动态演化经济系统的有效方法。本书用该方法研究农产品供应链企业竞争博弈问题，建立一系列离散动力学系统的模型，从理论上完善了博弈论和复杂性理论在经济管理学中的学科融合。

（2）从农产品供应链决策视角建立改进的古诺 – 伯特兰德（Cournot-Bertrand）混合博弈模型和斯塔克尔伯格（Stackelberg）动态博弈模型，并从纳什（Nash）、古诺（Cournot）、伯特兰德（Bertrand）和斯塔克尔伯格（Stackelberg）静态决策发展为多阶段动态决策研究，扩展了经典博弈模型的研究领域和范围。

（3）运用非线性动力学和动态经济预期理论，研究农产品供应链企业博弈过程中供应链的稳定性和博弈过程产生的分岔、混沌等复杂动力学特征，同时运用混沌控制方法对供应链企业博弈的调整策略施加控制，充分体现学科交叉融合的理论研究思想，扩展了管理学的供应链企业决策方法。

（4）研究多要素影响下的农产品供应链同级企业及上下游企业动态博弈问题，以及系统稳定性和各企业间的协调控制。将风险规避水平、广告投入效应系数和地方广告参与率等影响因素融入供应链博弈模型，并提出符合企业企业收益的动态决策，使模型更加切合现实供应链实际情况，是传统供应链博弈模型的完善和深化。

2. 现实意义

本书研究的现实意义如下。

（1）本书的"农超对接"是一种新型的农产品供应链模式，是指大中型超市与生产基地省去中间流通环节直接建立购买关系，通过现代物流运输直达超市。"农超对接"是对传统农产品流通方式的创新，对于农产品产业化发展起到重要的推动作用，可从根本上解决农产品销售渠道问题，对于促进农民增收、提高人民生活品质及加强食品安全起着重要的作用。

（2）本书研究可实现农产品供应链企业动态决策与协同发展。本书基于混沌与博弈理论，对农产品供应链系统中的销售量调整、价格协商、广告投入等问题进行深入研究，着重利用混沌理论分析农产品供应链系统竞争博弈的动态演化过程，实现销售量与价格的协调匹配，形成竞争优势，提升企业绩效，推动农产品供应链企业可持续发展，推进混沌理论走向经济管理实际，解决农产品供应链管理中的实际问题。

1.2　文献综述

1.2.1　博弈理论及其在供应链中的研究

"博弈论"译自英文"Game Theory"，由诺伊曼于 1944 年在《博弈论和经济行为》一书中首次提出[3]。博弈论是用来分析战略行为的一种方法。所谓战略行为是考虑到预期的其他人的行为并相互承认彼此之间的关联性之后再采取行动的行为方式。20世纪50年代初是博弈论产生和发展的重要时期。美国学者约翰·纳什（John Nash）1950年提出的均衡点，也就是我们所说的"纳什均衡"概念，是古诺模型和伯特兰德模型中均衡概念的自然一般化，现在已成为现代经济分析的出发点和关键分析概念[4]。纳什均衡和证明纳什均衡存在性的纳什定理将博弈论扩展到非零的博弈，成为非合作博弈理论的奠基石，对博弈论乃至经济学的发展都起到重要的推动作用。纳什同一时期提出的关于两人讨价还价的纳什解法是合作博弈理论最重要的解概念之一，对合作博弈理论的发展也有着非同寻常的意义。阿尔伯特·塔克（Albert Tucker）于1950年定义了"囚徒困境"，纳什与阿尔伯特·塔克两个人的著作基本上是现代非合作博弈论的理论基石[5]。莱茵哈德·泽尔腾（Reinhard Selten）于1965年提出用"子博弈完美纳什均衡"对纳什均衡做完美化精炼的思想，对于动态博弈理论具有非常重要的意义[6]。海萨尼（Harsanyi）等[7]于1967年将不完全信息引入博弈论的研究，并提出了"贝叶斯纳什均衡"的概念。20世纪80—90年代，博弈论的发展逐步走向成熟。博弈论在经济学中的应用越来越广泛，其中最重要的理论进展是威尔逊（Wilson）[8]在1982年与他人合作发表的关于动态不完全信息博弈的文章。1991年弗德伯格（Fudenberg）等[9]首先提出了"完美贝叶斯均衡"的概念。怀尔德森（Wildasin）[10]研究在不对称信息条件下激励机制问题，这种激励问题实际上是一种不完全信息的博弈问题，更进一步强化了博弈论的发展趋势。现代博弈论已经形成了一个相当庞大的体系，包含宏观博弈理论、微观博弈理论、金融博弈理论等。博弈论在军事、外交、政治、经济等领域的研究中已经被广泛应用，这必然会推动博弈理论的进一步发展[11-12]。博弈论进入经济领域改变了以企业独立决策为基础的经济学研究方法，这使多个企业的行为产生交互作用的分析成为重点。博弈论的广泛应用使经济分析更好地反映真实经济系统的本质，国内外经济学者在这一领域已取得了相当多的研究成果。

纳加拉詹（Nagarajan）[13]等人分析了合作博弈在供应链管理中的利润分配和稳定性两个应用，成功将合作博弈应用到寡头垄断的供应链管理中。小出（Koide）等[14]建立基于斯塔克尔伯格博弈模型的基本框架，从消费者和生产者的视角，对 n 元并联冗余系统进行了经济学分析，阐明了在何种情况下生产者可以获得更多利润。隋（Suijs）[15]等人建立了具有随机支付功能的非寿险合作博弈模型，确定了保险公司和被保险人共同面对的风险帕累托最优化配置。柯林斯（Collins）等[16]人研究得出，3 个厂商的霍特林（Hotelling）模型没有均衡解是因为假定消费者总是光顾距离最近的厂商，但事实上消费者并不总是这样。当厂商只能以概率分布考虑消费者的购买时，会出现 2 种均衡，3 个厂商在同一点上或者呈对称分布。

区毅勇[17]研究寡头之间的竞争合作战略，该研究可以使厂商之间的市场占有率保持相对平衡，从而有效地减轻竞争强度，维持行业的稳定与发展。彭运芳[18]研究了信息不对称情况下寡头市场决策的动态博弈，探讨了寡头垄断市场的特点，分析该市场古诺模型和斯塔克尔伯格模型的博弈，证明了信息较多者不一定得益较多。曾武[19]用双寡头动态博弈的均衡方法研究企业创新能力对企业产品创新和工艺创新的影响。该研究引入产品创新成本系数的概念，建立企业的创新能力、竞争激烈程度与企业的产品质量、技术创新种类的关系。易永锡等从厂商污染治理技术创新信息外溢的视角，以创新信息的外溢度作为模型的内生变量，以降低污染治理的成本作为厂商污染治理技术的投资动力，应用两阶段动态博弈方法分析了寡头垄断厂商在不合作和合作进行污染治理技术创新情况下的最优创新投入、最优产出和最大利润问题[17]。巩永华[20]等内生地考虑三寡头市场垄断力的不同情形，基于Salop 环形城市模型，研究不同博弈模式下基于单一价格策略的差异化策略，然后分析企业对歧视定价策略的选择。袁梁[21]以演化博弈论为主要工具，研究了考虑产品替代性情形下的双寡头博弈问题。该研究考虑市场存在同时生产高质量和低质量产品的两个企业的博弈，讨论具有不同产品质量的企业在市场中进行质量与价格的竞争，并通过一个数值算例说明对企业决策的影响[22]。龚利[23]等假定项目的投资与经营成本不对称，提出了更具现实意义的可退出的不对称双寡头投资博弈模型，给出了不同情况下两投资商的进入与退出最优转换策略。

学者们将博弈理论引入供应链系统研究的时间比较早。从博弈论角度出发是分析供应链的主流研究思路。蔡（Tsay）等[24]研究了双渠道供应链中制造商和零售商之间的渠道冲突和协调，并提出了可以协调渠道成员行为的政策。李（Li）[25]等研究了一个由风险中性制造商和风险厌恶零售商组成的纵向供应链，其中只有一种易腐产品具有价格依赖的随机需求。张（Zhang）等[26]利用具有批发价格和一次性费用的合同，在需求中断和生产成本中断的情况下进行供应链协调研究。潘达（Panda）[27]等探索了定价和供应链中高科技产品的补货政策。马（Ma）等[28]利用三维动态系统分析了双渠道能源供应链中异质零售商的动态。该研究发现，零售渠道与在线渠道之间存在着激烈的价格竞争，此外，产品兼容性对定价策略有显著影响。

1.2.2 混沌理论及其在供应链博弈中的研究

混沌理论最早可以追溯到 20 世纪初期。1903 年，法国数学家斯特罗加茨（Strogatz）等[29]在研究三体问题时发现，系统在某类不稳定平衡点附近无法求出精确解，从而三体问题的解在一定范围内是随机的。庞加莱成为最早发现混沌现象的科学家。

1963 年，美国气象局数学家洛伦兹（Lorenz）[30]在研究由气象预报抽象出的伯纳德对流问题时第一次在确定性的动力系统中发现了随机性现象[30]，揭示出混沌现象具有不可预测性和对初始条件的极端敏感依赖性（蝴蝶效应）这两个基本特点，同时他还发现，表面上看起来杂乱无章的混沌仍然具有某种条理性。这一发现成为混沌理论的里程碑，洛伦兹系统也成为研究混沌行为特征的经典系统。

1971 年，法国物理学家茹厄勒（Ruelle）等[31]在研究湍流现象时，从数学观点解释了纳维 – 斯托克斯方程出现湍流解的机制，揭示了准周期进入湍流的道路，首次提出了"混沌吸引子"这一概念，把湍流现象与混沌运动联系起来，后来这一概念被广泛应用在耗散系统的混沌研究中。

1975 年，华人数学家李天岩（Li）等[32]在论文《周期 3 意味着混沌》中首先引入了"混沌"这个名称。1976 年，美国生物学家梅（May）[33]在对季节性繁殖的昆虫年虫口的模拟研究中首次揭示了通过倍周期分岔达到混沌这一途径。1978 年，美国物理学家弗根鲍姆（Feigenbaum）[34]重新对梅的虫口模型进行计算机数值实验时，发现了称为"费根鲍姆常数"的两个常数。这引起了数学界和物理学界的广泛关注。与此同时，芒德勃罗（Mandelbrot）用分形几何描述一大类复杂无规则的几何对象，使奇异吸引子具有分数维，推进了混沌理论的研究。1983 年，中国著名科学家郝柏林[35]院士首次在国内全面介绍了非线性动力学的相关理论。1990 年，美国海军实验室的佩科拉（Pecora）等[36]提出了混沌同步的思想，并且开展了利用混沌同步进行保密通信的实验。

20 世纪 70 年代后期，科学家们陆续在许多确定性系统中发现混沌现象。近年来，计算机技术的发展为处理复杂的非线性方程提供了工具，使研究者可以更好地揭示混沌现象的内部机理。混沌与其他学科相互渗透、相互促进，在各领域特别是经济领域得到了广泛应用。

1980 年，美国经济学家迈克尔（Michael）等[37]发表的第一篇经济混沌文章对哈维默（Haavelmo）的增长模型做离散处理，得到混沌的增长模型，该模型表示的系统在不同参数下展示出了稳定态、规则波动和混沌态 3 种状态。1981 年，美国经济学家戴（Day）[38]发表了论文《合理选择与不规则行为》，首次将混沌理论应用于研究效用函数的长期形态，并于 1992 年在经济均衡模型中找到了呈现周期性和混沌行为的条件[39]。佐伯（Saiki）[40]等通过对国家 Keynes-Goodwin 型经济周期模型的分析，发现了动态经济系统的间歇性行为，数值模拟显示，经济系统在从弱混沌演化到强混沌的过程中会保持转变前的记忆性。凯（Kaizoji）[41]研究了异质主体金融市场的价格动力学，通过考察交易者数量增加对资产价格波动的影响，得出当参与交易的参与者总数增加时，系统有一条新奇的通往混沌的路径，特别是观察到了价格波动的阵发性混沌[42]。

何孝星等[43]研究得出混沌理论能够揭示隐匿在貌似随机的经济现象背后的有序结构和规律性。该研究从混沌理论的主要应用领域入手，分析了混沌理论在两大领域的实证证据和理论发展，并指出了混沌理论在经济学中的未来发展方向[44]。张永东[45]将临近返回检验与 BDS 检验相结合，检验了上证综合指数收益率的非线性与混沌的存在性。徐争辉等[46]通过实验发现该系统出现混沌现象的最低阶次为 2.55，同时采用一种可靠性极高的二进制方法来判断混沌吸引子在分数阶经济系统中的存在情况。张金良等[47]针对原油现货价格的非线性和时变性特征，提出一种小波变换结合 Elman 神经网络和广义自回归条件异方差（GARCH）模型的混沌预测方法。高英慧等[48]针对杜芬模型描述地方政府债务风险预警系统的运行机理，提出地方政府债务风险预警管理的混沌控制对策。李庆等[49]根据系统科学原理，把财政收入和支出视为一个经济系统，运用混沌动力系统原理研究希腊、西班牙、意大利、爱尔兰、葡萄牙等 5 个发生过债务危机的国家以及中国的财政收支系统的稳定性。

博弈理论与混沌理论相结合的研究已成为近年来国内外学者们的研究热点。研究成果表明，寡头垄断博弈模型可以产生复杂的混沌动力学行为，这为学者们更好研究寡头垄断厂商们的竞争状况提供了有力的理论依据[50]。已有的研究成果主要集中在对古诺模型和伯特兰德模型的博弈研究上，通过对经典博弈模型进行改进，改变成本函数或需求函数，引入有限理性、不完全信息等因素，使得博弈模型更贴近现实的市场竞争。通过对博弈模型的研究发现，寡头之间在博弈的过程中会随着价格或产量的决策而出现系统的倍周期分岔、混沌等现象。

普乌（Puu）[51]首先发现了双寡头古诺模型会出现具有分形维数的奇异吸引子，并简单讨论了三寡头博弈竞争的情形。1996 年，普乌[52]发表《三寡头的复杂动力学》，文中假设寡头具有等弹性需求函数和不变的边际成本，研究了 3 个古诺寡头的产量调整过程，发现在相同的假设条件下系统更容易出现混沌行为，而且比双寡头博弈具有更多样的分岔现象出现。艾扎（Agiza）等[53]则将有限理性因素引入双寡头博弈模型中，对双寡头博弈过程进行建模并分析其在竞争过程中的稳定性，进而发现了倍周期分岔、混沌等一系列复杂的非线性动力学行为。艾扎等[54]又对三寡头、四寡头及 N 寡头博弈模型进行了更深层的研究，同时对其稳定性区域进行了研究和分析。1999 年，艾哈迈德（Ahmed）等[55]在普乌双寡头古诺模型研究的基础上建立了双寡头广告竞争模型，发现在两个寡头的广告参数接近的情况下系统会发生混沌现象。2000 年，哈山（Hassan）等[56]发表对普乌的双寡头动态垄断博弈模型进行修改的文章，在普乌研究的基础上将寡头博弈拓展到有限理性、差异商品等更贴近现实的情况。2000 年，比斯基（Bischi）等 [57] 研究了基于有限理性预期并且具有线性成本的双寡头动态古诺博弈模型，并讨论了其稳定性和周期吸引子。后续研究者们研究了寡头垄断市场中具有不同理性、不同成本函数的双寡头之间的博弈复杂性，同时将混沌理论和博弈理论相结合进行研究，并在不同的领域进行了广泛应用 [58-60]。随着研究的一步步深入，研究者开始关注博弈寡头延迟策略对系统复杂动力学行为的影响。艾扎和艾尔萨达尼（Elsadany）分别研究了垄断寡头选择延迟有限理性产量决策的非线性古诺双寡头博弈动力行为，分析了离散动力系统纳什均衡点的稳定条件等问题，得出了采用延迟有限理性策略的寡头能有更多的机会处于纳什稳定的结论 [61-62]。一些学者将溢出效应、延迟决策、不同理性、非线性成本等引入寡头垄断博弈模型中，并且将其应用到电力市场、电信业务市场、广告市场、钢铁市场、保险市场等寡头垄断领域，为国内该领域的研究提供了理论依据和实践借鉴 [63]。

近年来，越来越多的研究者将博弈论应用于供应链系统的研究。然而，供应链参与者的决策阶段是一个动态过程，因此，非线性动力学理论被引入供应链管理的相关问题中。研究动态供应链博弈模型具有重要的理论意义和实践价值。复杂性理论被广泛应用于不同系统的稳定性研究中，包括力学、天气、经济和供应链系统。外部和内部的各种扰动都可能引起系统平衡变化。决策可能会逐渐趋于平衡，即经过几个时期的调整达到稳定状态。

供应链的复杂性是供应链的一个重要研究领域，一些学者对供应链的动态复杂性展开研究。斋浦里亚（Jaipuria）等 [64] 介绍了结合离散小波变换（DWT）和人工神经网络（ANN）的方法——DWT-ANN 需求预测方法，并结合改进的牛鞭需求预测方法，大大降低了牛鞭效应及其引发的失调对供应链运营业绩的负面影响。郭（Guo）等 [65] 建立了闭环供应链并分析了分岔、混沌和连续功率谱等复杂的动态现象等。

凯瑞（Karray）等 [66] 建立了与竞争零售商在渠道上的合作广告模式，分别讨论了集中决策和分散决策下的博弈均衡解，并给出了相应的协调机制。通过分析得出，合作广告激励了零售商的企业支出。基于博弈论和混沌动力学，马（Ma）等 [67] 建立了具有双循环渠道的闭环供应链模型。研究结果表明，价格的急速调整导致系统进入混沌状态，同时导致系统熵增大。马等 [68] 构建了具有风险态度和搭便车行为的动态博弈模型，研究了双渠道供应链的定价和服务策略。研究表明，当零售商的风险偏好过高时系统将陷入混乱。马等 [69] 构建了 3 种情况下的长期动态斯塔克尔伯格（Stackelberg）博弈模型，即无限额交易管制、祖父法和标杆法，研究了限额交易下由制造商、电子零售商和传统零售商组成的多渠道供应链的动态复杂性。

1.2.3 风险规避理论在供应链中的应用

风险管理的概念最早由美国学者提出，后来成为企业管理的一个领域。早期关于风险管理的研究主要集中在金融投资领域。诺贝尔奖获得者哈里·马科维茨（Harry Markowitz）首先将预期和方差的统计学概念引入投资组合问题，并将投资收益的方差作为风险的度量。后来，许多学者在此基础上提出了财务风险度量工具，并将其扩展到库存控制、供应链管理等领域。

在过去的 20 年里，研究人员十分关注供应链决策和渠道协调。许多机制，如收入分享、销售回扣、数量灵活性、回购和数量折扣，已经被展示出来有效协调供应链。然而，大部分传统的供应链模式侧重于发展供应链代理人的政策，以使其期望总利润最大化，或使预期总成本最小化。对于风险中性的决策者来说，这种对优化预期利润或成本的关注是适当的。不幸的是，并非所有决策者在现实中都是风险中立的。事实上，实验证据表明，决策者经常表现出风险厌恶偏好 [70]，尤其是对一些高利润的产品。因此，传统的供应链模式无法满足风险厌恶规划者的需求，有必要将风险规避的概念引入传统供应链模式。

供应链风险管理的关键问题是风险度量。参与者的风险偏好对各节点企业乃至整个供应链的利润都有重要影响。因此，越来越多的学者开始研究风险偏好对生产、价格和利润的影响，以及对供应链参与者之间冲突协调机制的影响。阿格拉沃尔（Agrawal）等 [71] 使用平均方差方法演示了一个单周期供应链，涉及一个供应商和多个规避风险的零售商。研究发现，零售商可以通过提供互惠风险分担合同，将订单数量增加到预期最优水平，从而分担风险。徐（Xu）等[72]重点研究了制造商在风险规避供应链中的双渠道定价策略。他发现双渠道供应链在完全信息环境下，风险规避时的价格低于风险中性时的价格，进而提出了利润分享契约的双向协调机制。严（Yan）等[73]主要研究需求扰动条件下具有风险规避的供应链最优决策问题。周（Zhou）等[74]在考虑制造商通过零售商进行销售的风险规避的两级供应链中构建了合作广告和订购模型。

通过对文献分析发现，风险规避供应链管理已成为经济学和管理学的研究热点。研究者更加关注参与者如何在竞争中有效规避风险，从而获得最大收益。

1.2.4　合作广告理论在供应链中的应用

伯杰（Berger）[75]首次讨论了制造商－零售商渠道中的合作广告，他提出通过批发价格折扣来为零售商的广告支出融资。随后，合作广告被研究人员在不同的情况下进行扩展研究。凯瑞（Karray）等[76]表明，合作广告对考虑双寡头垄断的零售商可能产生不利影响。谢（Xie）等[77]讨论了供应链渠道下的广告与定价协调问题。与非合作模式相比，合作模式可以产生更高的渠道利润，更好实现协同发展。萨卡尔（Sarkar）等[78]将合作广告应用于不确定条件下供应链管理的合作策略。通过这些研究发现，合作广告的最优决策可以增加供应链企业收益。肖（Xiao）等[79]建立了制造商－零售商混合广告合作模型。该模型中，制造商作为主导参与者，与零售商联盟进行斯塔克尔伯格博弈。陈（Chen）[80]以一个制造商和零售商组成的两级供应链为例，研究了合作广告机制、退货政策和渠道协调对供应链的影响。制造商和零售商可以通过对一些全国性品牌进行营销支出和投资本地广告来维持潜在的市场规模，但收益会随之递减。供应链企业以实现自身利润最大化为目标，确定最优广告策略和库存政策是企业面临的决策问题。

近年来，越来越多的研究者将合作广告应用于供应链中，并取得了大量的研究成果[81]。研究表明，合作广告的投入会影响供应链的稳定性和各参与方的收益。

1.3 研究内容

本书以农产品供应链企业为研究对象，将博弈理论和非线性动力学理论相结合，分别基于古诺模型、伯特兰德模型、古诺－伯特兰德混合模型和斯塔克尔伯格博弈模型，根据不同理性预期、非线性成本函数、溢出效应、广告成本分担等，建立农产品供应链企业动态博弈模型，研究其博弈过程的复杂性。本书还分析了农产品供应链企业博弈的纳什均衡点稳定性，并结合数值模拟仿真结果分析系统倍周期分岔、混沌特征、初值敏感性、混沌吸引子、李雅普诺夫（Lyapunov）指数等一系列复杂的动力学行为。农产品供应链企业通过分析相关参数对博弈模型的影响，能够在市场竞争中制定最优策略。本书的研究结果可为企业获得最优投入策略和经济收益提供重要决策参考。本书主要研究内容如下。

第 1 章为绪论，主要介绍研究背景和研究意义，阐述农产品供应链研究现状以及博弈理论、混沌理论、风险规避理论、合作广告理论在供应链系统中的应用，并根据领域内的发展情况，对现有研究进行补充和改进，提出本书内容、研究方法、框架思路和创新点。

第 2 章为相关理论介绍，首先介绍博弈理论及经典博弈模型，然后介绍非线性动力学理论，包括非线性动力系统、混沌的基本特征、常见的混沌研究方法、经典的混沌模型及混沌控制方法，最后介绍动态经济系统的预期理论，包括静态预期、有限理性预期、适应性预期和参考均衡价格预期。该章相关理论介绍为后续研究提供理论基础。

第 3 章根据我国农产品供应链企业的发展情况，建立了不同理性销售商的动态古诺博弈模型，定性分析模型的动态演化过程。数值模拟和仿真研究表明，当系统调整参数值超出稳定域，农产品市场将出现倍周期的分岔直至出现混沌现象，可能使得市场的竞争变得混乱。为解决这个问题，采用延迟反馈控制法对农产品市场的混沌状况进行有效控制，使得两个销售商的销售量稳定在纳什均衡点，这样，农产品供应链市场的混沌状况将被推迟甚至消除，市场处于稳定竞争状态。

第 4 章基于伯特兰德模型建立了农产品供应链市场 3 家销售商价格重复博弈模型并研究其复杂性，从理论上分析了三维离散动力系统的动态演化过程，利用数值模拟的方法模拟了演化过程。该章通过采用系统变量状态反馈和参数调节控制策略，控制了市场中离散非线性动力系统的倍周期分岔和混沌吸引子中不稳定的周期轨道，并通过系统分岔图及李雅普诺夫指数验证了混沌控制过程。为了使理论能够指导实践，该章将混沌控制模型进行数学变换，将变形后的混沌控制模型与农产品市场销售商博弈模型进行比较，发现受控后的系统稳定域增大，这为销售商提供了更好的竞争环境。

第 5 章基于有限理性预期理论，构建"农超对接"同级供应链动态古诺 – 伯特兰德混合博弈模型，分别以销售量和价格作为合作社决策变量，重点研究同级合作社的动态博弈及企业决策过程，采用状态反馈和参数调节控制方法对系统实施控制策略。实施后，系统的混沌状态逐步消失，重回稳定状态。系统仿真分析结果对我国"农超对接"同级合作社的企业发展决策具有重要的指导意义。

第 6 章根据"农超对接"同级合作社决策变量的不同建立古诺 – 伯特兰德混合模型。其中一家合作社在农产品市场的销售中占有绝对地位，而另外两家则根据自身的情况采取以价格为决策变量的市场竞争，力求以降低价格获得更大的市场利润。该章研究合作社随着竞争策略的调整表现出的动力学行为以及市场出现混沌状态时的有效控制。研究结果表明，系统加入延迟反馈控制策略后，纳什均衡点的稳定域增大，市场的混沌状况将得到改善，处于稳定的寡头竞争状态。因此，应通过适当的控制方法对不利的竞争采取控制措施，例如，通过控制成本、加大科技投入、优化产品结构以及自主创新发展具有自身特色的品牌产品等途径，增强自身竞争优势。

第 7 章构建基于风险规避的合作社主导供应链动态斯塔克尔伯格博弈模型，将合作广告策略应用于供应链参与者的营销决策中。这章基于斯塔克尔伯格博弈和非线性动力学理论，利用系统的稳定区域、分岔图、吸引子图和最大李雅普诺夫指数等方法，研究系统的稳定性和复杂动力学行为，通过数值模拟比较供应链企业的期望效用。该章的研究结果可以为风险规避情境的广告投入决策和收益最大化提供重要参考，可为合作社和超市在激烈的市场竞争中提供实践指导。该章通过分析相关因素对博弈模型的影响，得出合作社和超市可以在供应链博弈竞争中制定最优策略的结论。

第 8 章对研究工作进行总结和展望。

1.4 研究方法及技术路线

1.4.1 研究方法

本书的研究将定性分析与定量分析相结合、将理论与实践相结合，针对农产品供应链动态博弈和企业决策，综合运用理论分析、模型构建、算法设计、模拟仿真等手段，系统深入地开展研究工作，具体研究方法如下。

1. 理论综合运用与分析

本书通过研读国内外相关研究文献和著作，采用文献检索、深度调研等研究手段，结合农产品供应链研究领域的专业背景，在深入分析与理解农产品供应链动态博弈理论和量化模型研究现状的基础上，明确农产品供应链的内涵和特征，确定供应链动态博弈系统的结构和构成要素。

2. 模型构建、模拟与仿真

本书综合博弈论、微观经济学、管理经济学、非线性动力学等多学科的理论与方法，分别构建同级和纵向农产品供应链动态博弈模型，应用 Matlab 软件进行模型模拟仿真，利用倍周期分岔图、初值敏感性、混沌吸引子、李雅普诺夫指数等仿真结果，分析决策变量在动态博弈过程中产生的倍周期分岔、混沌等一系列复杂的动力学特性。

1.4.2 技术路线

本书研究的技术路线如图 1-1 所示。

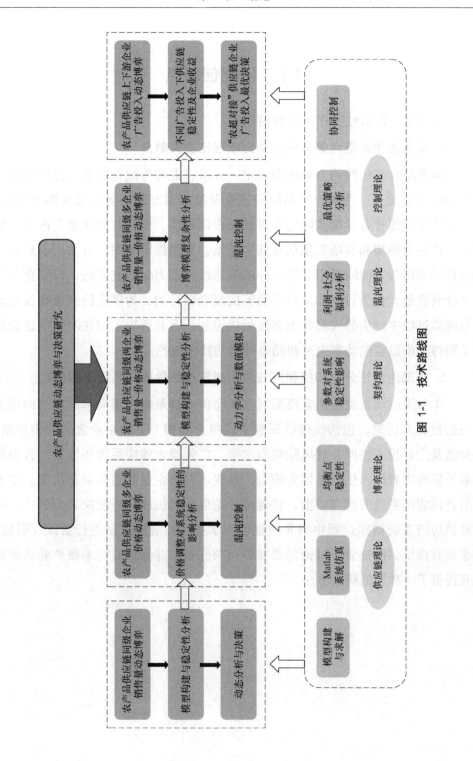

图 1-1 技术路线图

1.5　研究创新点

本书主要创新性工作可以概括如下。

1. 博弈理论和混沌等非线性动力学理论交叉融合

本书结合非线性动力系统中稳定、分岔、混沌等演化状态与经济系统行为间的对应关系，考虑农产品供应链企业处于动态的市场环境的客观实际，从多角度构建符合客观实际的改进动态古诺模型、伯特兰德模型、古诺－伯特兰德混合模型和斯塔克尔伯格博弈模型，利用稳定域图、分岔图、最大李雅普诺夫指数、混沌吸引子和时序图等非线性动力学研究方法，研究企业以自身利润最大化为目标作出最优决策的复杂性行为，为供应链企业在长期动态博弈过程中产生的失稳状态实施最优控制，有效解决了以往对供应链企业长期博弈难以实施动态决策和动态控制的技术瓶颈。

2. 将混沌特性分析和控制方法应用到农产品供应链系统决策研究

本书采用动态经济博弈模型对农产品供应链系统中横向和纵向的协调关系进行深入研究，包括供应链系统中同级企业和上下游企业之间的销售量、价格及广告投入协调，将风险规避水平、广告投入效应系数和地方广告参与率等影响因素融入供应链博弈模型，并提出符合企业收益的动态决策。本书结合供应链系统的博弈模型，将混沌理论应用到供应链系统决策分析中，并对供应链系统博弈过程中的非线性动力学特性和混沌控制进行尝试性研究。这是对传统供应链管理理论的必要补充与完善，并为供应链系统企业决策研究提供了一种新的研究方法。

第2章 相关理论基础

2.1 农产品供应链

2.1.1 农产品供应链的内涵

农产品供应链是一个复杂的系统，涵盖从农田到消费者的全过程，涉及农产品的生产、采购、加工、运输、销售等多个环节，各环节之间紧密连接、协调运作。农产品供应链连接了农民、生产商、批发商及零售商等各个供应链主体，通过一系列活动和流程，确保农产品能够高效、安全地流通到消费者手中。他们通过信息共享、资源共享和利益共享等方式，实现供应链的优化和协同运作，从而提高农产品的市场竞争力。农产品供应链的建立和有效运作对于提高农产品的品质和质量，降低成本，增加农民收入，满足消费者需求，以及促进农村经济发展具有重要意义。政府、企业、农民和消费者须构建良好的合作关系和互信机制，加强各环节之间的信息共享和协同合作，推动农产品供应链的顺畅运行和持续发展。

农产品供应链参与者众多、结构复杂，从种子、农具等生产资料供应商，到产品的生产者，再到农产品加工商、分销商、批发商、零售商，最终到消费者，各个环节紧密相连，形成了一个复杂且庞大的网络。这种复杂性要求供应链中的各个环节紧密协作，共同应对各种挑战和风险。

农产品供应链具有天然性和可变性。由于农产品生产过程很大程度上依赖于生物过程，因此，受气候、土壤质量、水源的可用性等自然条件的影响很大。这些因素不仅影响农产品的产量，还对其品质造成影响，使其产量和质量都呈现一定的不确定性。这种由自然条件所决定的天然性和可变性，要求农产品供应链在管理与运营方面必须具有更高的灵活性和适应性，以应对不断变化的生产环境和市场需求。

在农产品供应链的运作过程中，产品本身所固有的天然性、易腐烂性和分散性等特性对整个供应链的管理提出了特殊的挑战。首先，农产品往往具有鲜活易腐的特性，在成熟后须迅速采摘，以防止品质下降和腐烂。因此，加工、储存和运输等环节都必须在短时间内高效完成，确保产品的新鲜度和营养价值。农产品的生产地域分布极为广泛，不同地区的气候条件、土壤类型、水资源状况及种植技术等因素的差异导致农产品种类繁多且特性各异。这种多样性要求农产品供应链管理能够适应不同产品的特定需求，还能够灵活应对不同地区的生产条件。

农产品供应链中的每一个环节都需要规划和协调，以确保产品在从生产者向消费者转移的过程中，能够最大限度地减少损耗，保证产品的质量和安全。供应链中农户、加工企业、物流公司及零售商等参与者须紧密合作，共同提升整个供应链的效率和响应能力，并通过采用先进的信息技术、优化物流网络、实施严格的质量控制措施，建立有效的供应链协调机制，确保农产品供应链的顺畅运作和可持续发展。

2.1.2 农产品供应链核心组织与节点组织

农产品供应链的核心组织与节点组织是构成这一复杂系统的重要部分，其共同协作确保农产品的顺畅流通和高效管理。在农产品供应链的运作过程中，核心组织扮演着至关重要的角色。这些组织通常是市场中具有显著影响力和丰富资源调配能力的大型企业，可能包括规模庞大的农产品生产企业、享有盛誉的零售巨头或掌握尖端物流技术的创新型企业。这些核心企业运用其强大的实力，能够高效地整合供应链中的每一个环节，实现资源的最优配置和风险的最小化控制。这些核心组织涵盖了从农产品的种植、养殖到加工、包装等一系列生产活动，承担着与供应链上各个节点组织的沟通和协调，包括与上游的供应商、中游的分销商及下游的零售商等进行有效的信息交流和业务合作。通过这种紧密的协作，核心组织确保了整个供应链的高效运作，同时也保障了供应链中每个环节的稳定性和可靠性。

在构建农产品供应链的过程中，节点组织发挥着至关重要的作用。其与核心组织之间建立了紧密的联系，构成供应链体系顺畅运作的基础。节点组织的范围广泛，包括小型农产品生产企业、农民合作社、农产品批发市场、物流运输企业等多种形式的组织。这些组织在供应链中扮演着不同的角色，履行着各自独特的职责。这些节点组织通过与核心组织签订合同、达成协议等形式，确立彼此之间的合作关系。这种合作关系建立在互信和互利的基础上，旨在保障供应链的稳定性和效率。通过这种合作，节点组织能够更好地融入整个供应链体系，共同促进农产品的高效流通和市场销售。这种合作模式不仅提升农产品的市场竞争力，还确保消费者能够及时获得新鲜、优质的农产品，从而实现供应链各参与方共赢的局面。

在农产品供应链中，核心组织与节点组织之间建立了紧密的合作关系。核心企业通过统一协调管理，确保供应链上各个环节的顺畅衔接，实现信息的快速传递和资源的有效配置。同时，节点组织在核心企业的引导下，不断提升自身的生产和管理水平，以适应市场变化的需求。这种合作模式不仅可提高农产品的流通效率和质量安全水平，还可促进农业产业的可持续发展。通过紧密的合作关系和高效的协同机制，供应链企业共同推动农产品的流通和销售，为农业产业的可持续发展提供有力保障。

2.1.3　农产品供应链系统

农产品供应链是一个复杂且精细的系统，确保农产品能够高效、安全地流通到消费者手中。这个系统主要由以下几个关键部分构成。

1. 农业生产资料供应

农业生产资料是农业生产的基础，包括种子、化肥、农药、农膜、农业机械等。这些生产资料的供应直接关系到农业生产的效率和质量。优质的种子、适量的化肥和适量的农药等生产资料能够提升农产品的产量和品质，从而满足市场需求。

2. 农业生产

农业生产是农产品供应链的核心环节。在这一环节中，农民或农业生产者利用土地、水资源等自然条件，结合先进的农业技术和生产经验，进行农作物的种植、养殖等生产活动。农业生产者通过投入生产资料，精心管理农田，确保农作物的健康生长和养殖动物的健康繁衍。

3. 农产品加工

农产品加工是将原始农产品转化为更具价值的产品的重要环节，包括清洗、分级、包装等初级加工，以及更深层次的加工，如制作果汁、罐头、调味品等。农产品加工能够提升农产品的附加值，增加农民的收入，同时满足消费者对多样化、高品质农产品的需求。

4. 农产品物流

农产品物流涉及农产品的储存、运输和销售等环节。在这一环节中，农产品需要被有效的物流系统从生产地运输到消费市场，同时还需要进行适当的储存以保证产品的质量和供应的稳定性。农产品物流的效率和稳定性直接影响到农产品的市场竞争力和消费者的满意度。

5. 农产品销售

农产品销售是农产品供应链的终端环节，也是实现农产品价值的关键环节。在这一环节中，农产品通过批发市场、超市、电商平台等多种渠道进入消费市场，满足消费者的需求。农产品销售的成功与否直接关系到农民的收入和农业生产的可持续发展。

农产品供应链的关键组成部分包括农业生产资料供应、农业生产、农产品加工、农产品物流和农产品销售等。这些环节相互依存、相互影响，共同构成了完整的农产品供应链体系。

2.1.4 农产品供应链在现代农业中的作用

农产品供应链在现代农业中扮演着至关重要的角色，确保了农产品从生产者到消费者的高效流通，减少了中间环节，提高了流通效率。供应链管理通过整合资源和优化流程，有助于降低农产品的损耗率，保证食品的新鲜度和质量，促进农产品的标准化和品牌化，提升产品的市场竞争力。通过信息技术的应用，供应链能够实现精准的市场需求预测，指导农业生产，减少盲目生产带来的风险。供应链的完善还能够帮助农产品更好地进入国际市场，提升国家的农业整体竞争力。

农产品供应链还促进了农业产业的融合与升级。在农产品供应链的驱动下，农业不仅包括传统的种植和养殖，而且与加工、物流、销售等多个环节紧密相连，形成了一个完整的产业链条。这种融合不仅提高了农业的综合效益，还带动了农村经济发展，为农民提供了更多的就业机会和增收渠道。

农产品供应链还推动了农业科技创新和可持续发展。在供应链中，科技创新是提升农产品质量、降低生产成本、提高流通效率的重要手段。引入先进的农业技术和管理模式可以优化资源配置，提高农业生产效率，减少环境污染，实现农业的可持续发展。

农产品供应链加强了农业与市场的联系。农产品生产者可以通过供应链更加直接地了解市场需求和消费趋势，从而调整生产结构和种植品种，提高农产品的市场适应性和竞争力。同时，供应链中的各个环节也加强了信息共享和协作，提高了整个供应链的响应速度和灵活性。

2.2　博弈理论

2.2.1　博弈理论基本概述

博弈论又称为对策论，是应用数学领域的一个分支。博弈论的研究对象是人们的行为和决策，即处在特定的环境和规则之中的人凭借其拥有的信息，选择怎样的行为方式或者策略能够获得最优的利益[82]。博弈论研究当一个主体（一个人或一个企业）的策略选择受到其他人、其他企业选择的影响，同时他自身的选择反过来也会影响到其他人、其他企业选择时的决策问题和均衡问题。博弈是一个动态的过程。博弈论对人的基本假定是：人是理性的，理性的人是指有一个很好定义的偏好，在给定的约束条件下使自己的偏好最大化[83]。

用博弈论来研究复杂系统，主要是研究各主体或组成部分之间的相互影响。一方的条件和选择发生变化都会影响到其他主体和组成部分的选择。博弈方之间是有利益冲突的，在考虑对方选择的影响下，为了自身利益最大化，参与者各自作出理智的决策。

一般博弈问题包括以下几个要素[84]。

（1）博弈的参与者。博弈的参与者指在一场博弈或者竞赛中，能够独立进行决策并能独立承担博弈结果的博弈方。一次博弈至少有两个博弈方。如果有个 n 博弈方，则称为 n 人博弈。

（2）博弈方的策略空间。博弈方的策略空间指每个博弈参与者可选择的策略集合。策略空间在博弈论中有着重要的应用。通过定义合适的策略空间，可以更好地理解博弈方的决策能力和行动选择范围。

（3）博弈方的得失。在博弈结束时，每个博弈方通过收益函数或者赢利函数计算自己的得失。博弈方的得失是博弈方所选定的策略的博弈效果。

（4）博弈的信息。博弈的信息是指博弈参与者在决策时所获取的信息。

（5）理性。理性人在博弈中会对所有的策略结果进行一个排序，在博弈的过程中，根据其他博弈方所选的策略，选择能带来最高收益的策略。理性又分为完全理性和不完全理性，现实中，人不可能是完全理性的，大多处于完全理性和不完全理性之间。管理学家西蒙提出了"有限理性"的概念，他认为决策者会受到自身能力、外界环境和认知能力的影响，因而决策人表现出有限理性的机制[85]。

（6）均衡。均衡表示系统中各决策方处于一种稳定状态。

（7）目标。目标指局中人所期望实现的结果，通常用局中人的目标函数表示。局中人通过策略选择来实现目标。

2.2.2 古诺模型（Cournot Model）

1938 年，法国数理经济学家奥古斯丁·古诺（Angustin Cournot）提出了以产量作为决策变量的双寡头垄断市场情形下的古诺博弈模型，也称古诺模型。

古诺博弈模型有如下严格的假设条件。

（1）市场上只有两家生产企业，两家企业生产同质的产品，并且均追求自身利润最大化。

（2）两个寡头以产量竞争为策略进行博弈。每家企业的产量都是对另外一方产量预期的函数，市场中产品的价格由两企业产品的总量决定，且两企业同时决策。

（3）企业把对方产量视为既定的，在此基础上对市场价格进行预测，而后确定自身产量。

（4）两家企业的生产成本均为零，边际成本均为常数。

（5）需求函数是线性形式的。

假定市场的逆需求函数为

$$P(Q) = a - bQ \tag{2-1}$$

Q 是市场上产品的供给总量，$Q = q_1 + q_2$，p 为产品价格。企业 i 的利润为

$$\Pi_i = pq_i - c_i q_i \qquad i = 1,2 \tag{2-2}$$

两家企业的边际成本 $c_i > 0$，$a > \max(c_1, c_2)$，$b > 0$。

分别讨论以下两种情况。

（1）假设两家企业具有相同的边际成本且独立选择各自产量。

企业 1 的利润为

$$\Pi_1 = q_1(p-c) = q_1(a - b(q_1+q_2) - c) = -bq_1^2 + (a-c)q_1 - bq_1q_2 \tag{2-3}$$

企业 2 的利润为

$$\Pi_2 = q_2(p-c) = q_2(a - b(q_1+q_2) - c) = -bq_2^2 + (a-c)q_2 - bq_1q_2 \tag{2-4}$$

由于两家企业都追求自身利润最大化，对 Π_i 关于 q_i 求偏导，可得到两个企业的边际利润：

$$\begin{cases} \dfrac{\partial \Pi_1}{\partial q_1} = -2bq_1 + (a-c) - bq_2 = 0 \\[2mm] \dfrac{\partial \Pi_2}{\partial q_2} = -2bq_2 + (a-c) - bq_1 = 0 \end{cases} \tag{2-5}$$

可以得出寡头企业的均衡产量和均衡利润：

$$q_1 = q_2 = \frac{a-c}{3b} \tag{2-6}$$

$$\Pi_1 = \Pi_2 = \frac{(a-c)^2}{9b} \tag{2-7}$$

古诺均衡是完全信息基础上的静态博弈模型，均衡产量 q_1 和 q_2 是两个企业在假定对方产量既定的前提下分别作出的最优反应产量，纳什均衡解是古诺模型解的推广。

（2）两个企业共谋（垄断），联合控制整个市场的情形。

此时，$p = a - bQ$，$Q = q_1 + q_2$，并且 $q_1 = q_2$，企业 1 的利润为

$$\Pi_1 = q_1(p - c) = \frac{Q}{2}(a - bQ - c) = -\frac{b}{2}Q^2 + \left(\frac{a - c}{2}\right)Q \qquad （2\text{-}8）$$

Π_1 最大化时的产量 Q 为

$$Q = \frac{a - c}{2b} \qquad （2\text{-}9）$$

此时，最大化的利润为

$$\Pi_1 = \frac{(a - c)^2}{8b} \qquad （2\text{-}10）$$

同理，企业 2 的最大化利润为

$$\Pi_2 = \frac{(a - c)^2}{8b} \qquad （2\text{-}11）$$

两家企业的产量为

$$q_1 = q_2 = \frac{Q}{2} = \frac{a - c}{4b} \qquad （2\text{-}12）$$

由此可以看出，与两个寡头竞争的情形相比，合谋时两个企业的产量低反而利润高。虽然合谋可以给企业带来更多的利润，但这种机制却难以实现，因为每个企业都会倾向于私下提高自身产量。

古诺模型的均衡不会出现合作情形。若企业 2 选择合作，即按双方协议，选择的产量为

$$q_2 = \frac{a - c}{4b} \qquad （2\text{-}13）$$

而企业 1 选择不合作，即背离了协议。其利润为

$$\varPi_1 = q_1\left(a - b\left(q_1 + \frac{a-c}{4b}\right) - c\right) \tag{2-14}$$

基于利润最大化计算出产量 q_1：

$$q_1 = \frac{3(a-c)}{8b} \tag{2-15}$$

q_1 明显大于 q_2，此时市场价格为

$$p = a - b\left(\frac{3(a-c)}{8b} + \frac{a-c}{4b}\right) = \frac{3a+5c}{8} \tag{2-16}$$

企业 1 的利润为

$$\varPi_1 = q_1(p-c) = \frac{3(a-c)}{8b}\left(\frac{3a+5c}{8} - c\right) = \frac{9(a-c)^2}{64b} \tag{2-17}$$

企业 2 的利润为

$$\varPi_2 = q_2(p-c) = \frac{(a-c)}{4b}\left(\frac{3a+5c}{8} - c\right) = \frac{3(a-c)^2}{32b} \tag{2-18}$$

企业 1 的利润高于企业 2 的利润，即在合作的框架下选择背离协议的企业能够获得更多的利润。当企业 2 发现企业 1 的策略选择时，也会背离协议而选择两寡头竞争时的产量，即

$$q_2 = \frac{(a-c)}{3b} \tag{2-19}$$

从长期来看，两家企业的产量最终会稳定在古诺均衡点，即

$$q_1 = q_2 = \frac{(a-c)}{3b} \tag{2-20}$$

上面两种情形的支付矩阵如下：

$$
\begin{array}{c}
 \\
\text{合作} \\[2pt]
\rule{1.5cm}{0.4pt} \\
\text{不合作}
\end{array}
\begin{array}{cc}
\text{合作} & \text{不合作} \\
\left(\begin{array}{cc}
\left(\dfrac{(a-c)^2}{8b}, \dfrac{(a-c)^2}{8b}\right) & \left(\dfrac{3(a-c)^2}{32b}, \dfrac{9(a-c)^2}{64b}\right) \\[12pt]
\left(\dfrac{9(a-c)^2}{64b}, \dfrac{3(a-c)^2}{32b}\right) & \left(\dfrac{(a-c)^2}{9b}, \dfrac{(a-c)^2}{9b}\right)
\end{array}\right)
\end{array}
$$

根据支付矩阵可以明显看出古诺模型的纳什均衡为

$$\left(\frac{(a-c)^2}{9b}, \frac{(a-c)^2}{9b} \right) \qquad (2\text{-}21)$$

这说明，尽管合谋可以使两个寡头同时得到更大的利润，但由于期望获得最大利润，企业在实际行动中都会选择不合作的策略，这深刻地揭示了个人理性和集体理性的冲突。

2.2.3 伯特兰德模型（Bertrand Model）

伯特兰德模型是 1883 年由法国经济学家约瑟夫·伯特兰德（Joseph Bertrand）提出的。伯特兰德模型是以价格作为决策变量来研究寡头之间竞争行为的模型，具体的模型为：假设各寡头通过选择价格进行竞争，他们生产同质的产品，并且产品之间可以完全相互替代，寡头企业之间没有任何的联盟行为。

假设某市场上只有两个寡头，根据模型的假设条件，两寡头的产品是可以完全相互替代的，所以消费者会选择价格较低的同类产品。这样一来，两个竞争者竞相销价就成为争取更多的市场份额所采用的唯一武器。当价格下降到等于各自的边际成本时，价格达到均衡状态，即伯特兰德均衡，这种结果对于企业来说是不希望发生的，因为无利可图。产生这种结果的原因在于模型的假设条件。模型假设的是各寡头的产品可以完全相互替代，所以价格就是选择产品的唯一标准。假如产品之间具有差异性，那么选择哪种产品就不仅仅取决于价格了，因此直接的价格竞争就可以避免了。有些学者为了避免这种结果，修正了模型的假设条件，引入了产品的差异性。

假设在一个双寡头垄断市场中，两企业生产的是同类产品，但在品牌、质量和包装等方面有所不同。因此，伯特兰德模型中企业的产品之间有很强的替代性，但又不完全可替代，即价格不同时，价格较高的不会完全销售不出去。当企业 1 和企业 2 产品价格分别为 P_1 和 P_2 时，各自的需求函数为

$$q_1 = q_1(P_1, P_2) = a_1 - b_1 P_1 + d_1 P_2 \qquad (2\text{-}22)$$

$$q_2 = q_2(P_1, P_2) = a_2 - b_2 P_2 + d_2 P_1 \qquad (2\text{-}23)$$

　　两式可以反映上述差别产品的特征，其中，d_1、d_2 为两企业产品的替代系数，$d_1>0$，$d_2>0$。我们也假设两企业无固定成本，假设边际生产成本分别为 c_1 和 c_2。最后，仍强调两个企业是同时决策的。

　　在该博弈模型中，两博弈方为企业 1 和企业 2，各自的策略空间为 $s_1=[0,P_{1\max}]$ 和 $s_2=[0,P_{2\max}]$，其中，$P_{1\max}$ 和 $P_{2\max}$ 是企业 1 和企业 2 能卖出产品的最高价格。两博弈方的收益就是各自的利润 u_1、u_2，即销售额减去成本，他们都是双方价格的函数。

$$u_1=u_1(P_1,P_2)=P_1q_1-c_1q_1=(P_1-c_1)(a_1-b_1P_1+d_1P_2) \tag{2-24}$$

$$u_2=u_2(P_1,P_2)=P_2q_2-c_2q_2=(P_2-c_2)(a_2-b_2P_2+d_2P_1) \tag{2-25}$$

　　直接用反应函数法分析这个博弈模型。利用上述收益函数在偏导数为零时有最大值，很容易求出两企业对对方策略（价格）的反应函数分别为

$$P_1=R_1(P_2)=\frac{1}{2b_1}(a_1+b_1c_1+d_1P_2) \tag{2-26}$$

$$P_2=R_2(P_1)=\frac{1}{2b_2}(a_2+b_2c_2+d_2P_1) \tag{2-27}$$

纳什均衡 (P_1^*,P_2^*) 必是两反应函数的交点，即必须满足

$$\begin{cases} P_1^*=\dfrac{1}{2b_1}(a_1+b_1c_1+d_1P_2^*) \\[2mm] P_2^*=\dfrac{1}{2b_2}(a_2+b_2c_2+d_2P_1^*) \end{cases} \tag{2-28}$$

(P_1^*,P_2^*) 为该博弈模型唯一的纳什均衡。

　　上述模型是伯特兰德模型比较简单的情况。更一般的情况是，有 n 个寡头的价格决策，并且产品也可以是无差别的。在产品无差别的情况下，必须考虑消费者对价格的敏感性问题，因为如果所有消费者对价格都非常敏感，则生产完全同质商品的企业之间的价格差别根本不可能存在，即此时价格高的一方将完全卖不出去。对于多寡头的伯特兰德模型的分析，则是两寡头模型的简单推广，即只需要求出每个企业对其他各个企业价格的反应函数，解出他们的交点即可。

2.2.4 斯塔克尔伯格博弈模型（Stackelberg Model）

上述的博弈模型中，寡头企业地位均相同，同时，均根据自己的利润最大化进行决策。斯塔克尔伯格（Stackelberg）分析了居于不同市场地位企业的竞争情况，研究具有先后顺序的博弈模型，这可以理解为企业间存在领导与被领导的主从关系。主导企业会率先作出决策，依据掌握的信息优势谋得最大收益，同时也会对处于跟随地位的企业的决策进行预先判断。跟随企业再根据领导企业已经作出的决策信息，结合自身的情况，以获取最优利润为目标进行决策。

斯塔克尔伯格模型是更贴近真实市场的博弈模型。博弈顺序如下：领导者企业根据市场情况为了利润最大化得出产量，跟随者企业则根据领导者的决策计算产量。需求公式为

$$p = a - b(q_1 + q_2) \tag{2-29}$$

利润公式为

$$\Pi_i = pq_i - c_i q_i \quad i = 1,2 \tag{2-30}$$

跟随者企业 2 的利润为

$$\Pi_2 = (a - b(q_1 + q_2))q_2 - c_2 q_2 \tag{2-31}$$

首先，根据 Π_2 得到跟随者企业 2 的产量，即

$$q_2^* = (a - q_1 - c_2) / (2b) \tag{2-32}$$

企业 1 根据企业 2 的决策来确定产量，即

$$q_1^* = (a - 2c_1 + c_2) / (2b) \tag{2-33}$$

假设 $c_1 = c_2$，可得

$$\Pi_1 = (a - c)^2 / (8b) \tag{2-34}$$

$$\Pi_2 = (a - c)^2 / (16b) \tag{2-35}$$

斯塔克尔伯格模型计算的总产量大于古诺模型，价格低于古诺模型，总利润小于古诺模型，这对消费者有利。合作情形总利润最大，这对消费者不

利。斯塔克尔伯格模型增加产量和降低销售价格是"先动优势"的体现。虽然企业 1 有先动优势，但是可能出现如下情况：企业 1 利润＞古诺利润＞企业 2 利润。在信息不对称的博弈中，信息较多的局中人不一定能得到较多的利益。

2.3　非线性动力学理论

2.3.1　非线性动力系统

系统是指由一些相互联系或相互作用的客体组成的集合。这些客体既可以是自然科学中的一些物质，也可以是各种社会事物和组织。系统的性质或特征用所谓的状态变量所表征，当这类状态变量随时间变化，即系统处于非平衡态时，系统称为动力系统[86]。

动力系统的状态变量随时间变化的定量表达形式是各种形式连续的或离散的数学方程，这种方程被称为动力学方程。早期的对于动力系统的研究多限于线性系统（即具有线性形式的动力学方程），这样做是因为线性方程易于求解并具有一些简单的特性，而且符合叠加原理。然而，现实中存在的客体大多却是非线性系统。

许多现代经济理论把经济系统抽象为可以用线性微分、差分方程（组）表示的线性系统。线性系统假设系统局部均衡分析具有可行性，一般均衡分析解具有存在性、唯一性和稳定性。20 世纪 70 年代以后，非线性科学理论的迅速发展使人们意识到经济分析的线性范式存在着严重问题，线性分析范式可能正是导致现代经济分析和预测在关键情况下普遍失效的根本原因。由系统科学、非线性科学的发展引起的理论挑战动摇了现代主流经济学的理论基础，对经济学发展提出了严峻的挑战。非线性科学体系主要研究开放的、具有能动性的系统，认为客观事物是复杂的，非线性是产生这种复杂性的根源。随机决定论更深刻、更辩证地反映了事物的本质[87]。为了本书后面分析的需要，本节简单介绍一些非线性动力学理论的基本知识，主要包括混沌基础理论和混沌控制理论。这是本书要用到的主要理论和方法。

2.3.2 混沌的定义

由于混沌系统的奇异性和复杂性至今尚未被彻底揭示，混沌至今没有统一的定义。目前影响力较大的是李－约克（Li-Yorke）混沌定义[88]和德瓦尼（Devaney）的混沌定义。李－约克（Li-Yorke）定义从区间映射角度出发进行定义，是影响较为广泛的数学定义之一。

李－约克（Li-Yorke）定义：设 $f(x)$ 是 $[a,b]$ 上的连续自映射，若 $f(x)$ 有 3 周期点，则对任何正整数 n，$f(x)$ 有 n 周期点。

也可以说，李－约克（Li-Yorke）对混沌的定义为[86]：$[a,b]$ 上连续自映射 f 称为是混沌的，若其满足如下条件。

（1）f 的周期点的周期无上界。

（2）存在不可数子集合 $S=[a,b]$，S 中无周期点，且满足如下条件。

① 对任意 x，$y \in S$，有 $\liminf_{n \to \infty} |f^n(x) - f^n(y)| = 0$；

② 对任意 x，$x \neq y$，有 $\limsup_{n \to \infty} |f^n(x) - f^n(y)| > 0$；

③ 对任意 $x \in S$ 和 f 的周期点 y，有 $\limsup_{n \to \infty} |f^n(x) - f^n(y)| > 0$。

在李－约克的混沌定义中，前 2 个极限表明子集中的点 x 和 y 可以相当分散又可以相当集中，第 3 个极限表明子集不会趋近于任意周期点。对 $[a,b]$ 上的连续自映射 f，如果存在一个周期为 3 的周期点，就一定存在周期为任何正整数的周期点，一定会出现混沌现象，即"周期 3 意味着混沌"[86]。

2.3.3 混沌的基本特征

与外随机性的来源和机制完全不同，这种随机性自发地产生于系统内部，是确定性系统内部一种内在随机性和机制作用。体系内的局部不稳定是内随机性的特点。下面简单介绍与本书相关的几种混沌特征。

1. 有界性

混沌是有界的，轨线始终局限于混沌吸引域，即一个确定的有界区域，不论混沌系统内部如何不稳定，其轨线都不会冲出混沌吸引域，从整体上讲混沌系统是有界并且稳定的。

2. 内在随机性

确定性非线性系统在混沌区域的行为表现出随机性，并且这种随机性是内生的，即使系统不包含任何外加的随机项，控制参数、初始值都是确定的，系统在混沌区域的行为仍表现为随机性。这也是对初值敏感性的原因所在。

3. 对初值、参数等的敏感依赖性

由于混沌行为演化具有一定的重复性，会使微小的初值差异经过不长的时间后形成差异巨大的不同演化轨迹，这就是混沌对初值的敏感依赖性其直接导致了混沌行为的不可长期预测性。

系统的运动状态依赖于结构参数的变化，确定性动力系统一般只有施加随机性的输入，才能产生随机性的输出。混沌系统也是确定性动力系统，但在施加确定性的输入后却产生类似随机的运动状态，这显然是系统内部自发产生的，故称为内随机性。这种内随机性与通常的随机性不同，是由系统对初值及参数的敏感性（即不可预测性）造成的，体现了混沌系统的局部不稳定性。

4. 从李雅普诺夫指数的角度看，有一个或更多个正的李雅普诺夫指数，全体李雅普诺夫指数之和为负是定量判定混沌的充分必要条件

一个耗散系统的混沌运动存在着两个相反的过程，一方面耗散作用要使轨道收缩，另一方面轨道又要相互分离，两个非常靠近的初值所产生的轨道随时间推移按指数方式分离。李雅普诺夫指数就是定量描述这一现象的量，即多次迭代时平均每次迭代所引起的指数分离中的指数。也就是说，如果某系统是混沌的，则对初始条件是极为敏感的，只要系统的初始条件有极微小的变化，系统随时间演变的轨道就会按指数阶规律迅速分离。混沌系统就像一个放大装置，可以将初始条件的微小差异迅速放大，最终将真实状态掩盖，从而实质上导致长期演变轨道的不可预测性。

5. 具有奇异吸引子

混沌吸引子是相空间（对连续型动力系统来说至少是三维，对离散型动力系统来说至少是二维）的一个有限区域内由无穷多个不稳定点集组成的一

个集合体。系统在所有相邻的轨道上最终都会被吸引到它的势力范围，但吸引子中两个任意接近的点，虽然同属于一个吸引子，却可能发生背离，轨道的背离是因为具有初值敏感性。

吸引子的产生可以解释为耗散系统在其运动与演化的过程中相体积的不断收缩因而产生吸引子。混沌吸引子是整体稳定性与局部不稳定性共同作用的结果。耗散是整体的稳定因素，使运动轨道稳定地收缩到吸引子上。收缩是由方程本身决定的（存在耗散项），是对相空间整体来说的，吸引子的作用是使远处的轨道趋向收缩至有限的范围内（吸引子）。发散的局部性是对于相空间具体点附近的性质来说的，其使已靠近的轨道相互排斥。这样，所有的轨道最终集中在相空间的有限范围内，既相互靠拢又相互排斥，经过无数次的来回折叠，形成复杂的运动形态，成为混沌态。

6. 与分形关系密切

分形是一个几何概念，一般指不能用经典几何语言描述的复杂图形。分形与混沌之间常见的关系为：出现混沌现象的系统，其参数或初值的边界往往是分形的，奇异吸引子的截面也往往是分形的。以三维系统为例，由于系统轨道在三维空间中无穷次地缠绕并且又互不相交地"周期性"运行，宏观上表现为吸引于几个区域，其图形具有体积为零且面积无穷大的特点，即具有分数维特点。吸引子的维数可以描述出系统的复杂程度或其自由度，且可以用其判断系统的混沌特性。

混沌系统在相空间中的运动轨迹在某个有限区域内经过无限次折叠形成一种特殊曲线，这种曲线的维数不是整数，而是分数，故称为分数维。若相空间中的吸引子为一个点，则该系统为零维系统。若相空间中吸引子为极限环，则该系统为一维系统。拟周期运动在相空间中的吸引子为环面则为二维系统。当吸引子的轨迹不能充满"面"或"体"时，维数并非整数而是分数，其数值就用分维数来刻画。分形与混沌具有一致性，在混沌集合的计算机图像中，常常是轨道不稳定的点集形成了分形。混沌主要讨论非线性动力系统的不稳定和发散的过程，但系统在相空间总是收敛于一定的吸引子，这与分形的生成过程很类似。混沌事件在不同的时间标度下表现出相似的变化模式，与分形在空间标度下表现的相似性很相像。分数维表明混沌运动具有无限层次的自相似结构，即混沌运动是有一定规律的，这是混沌运动与随机运动的重要区别之一。混沌的奇异吸引子在微小尺度上具有与整体自相似的几何结构，对它的空间描述只能采用分数维。

2.3.4　常见混沌研究方法

混沌的判断方法来源于混沌的定义以及对混沌的理解。由于混沌的定义不尽相同，其判断方法也有所不同，目前与混沌有关的定性判断方法分为直接观测法、分频采样法、庞加莱截面法及相空间重构法等。定量方法包括李雅普诺夫指数方法、分数维方法、功率谱分析法等。这里着重介绍几种混沌的分析方法。

1. 直接观测法

这种方法是根据动力学系统的数值运算结果，画出相空间中相轨迹随时间的变化图以及状态变量随时间的历程图，通过对比、分析和综合来确定解的分岔与混沌现象。在相空间中，周期运动对应着封闭曲线，混沌运动对应着一定区域内随机分布的永不封闭的轨迹（奇异吸引子），利用这种方法可以确定出分岔点。此外，吸引子是在相空间中当 $t \to \infty$ 时，迭代轨迹的所有收敛点组成的点集或子空间。一般把奇异吸引子作为连续变量系统混沌判定的充分条件，在某些情况下，也可以作为判定连续混沌的充分必要条件，但对于离散变量系统则不一定成立，例如，著名的一维"逻辑斯谛映射"，由于只有一个变量，因此不能画出相轨迹，自然也就不存在相应的"奇异吸引子"。

2. 李雅普诺夫指数分析法

刘维尔（Liouville）定理指出，保守系统在相空间运动的过程始终保持相体积不变，但是，对耗散系统的相体积一般要逐渐收缩。一个耗散系统的混沌运动存在两个相反的过程，一方面耗散作用使轨道收缩，另一方面轨道又相互分离。收缩是对相空间整体而言的，它由方程本身决定，其作用是使远处的轨道趋向收缩至有限的范围内。发散是局部性质，是指相空间具体点附近的性质，它使已经靠近的轨道相互排斥。所有轨道最终集中在相空间有限的范围内，既相互靠拢又相互排斥，形成复杂的运动状态。李雅普诺夫指数被用来定量描述混沌系统相邻两点相互分离的速度。

对一维映射 $x_n + 1 = f(x_n)$，假定初始点为 x_0，相邻点为 $x_0 + \delta x_0$，经过 n 次迭代，它们之间的距离为

$$\delta x_n = \frac{\mathrm{d}f^{(n)}(x_0)}{\mathrm{d}x} \delta x_0 \qquad (2\text{-}36)$$

当 $\mathrm{d}f/\mathrm{d}x > 1$ 时，经过 n 次迭代，初始点与相邻点相互分离。当 $\mathrm{d}f/\mathrm{d}x < 1$ 时，经过 n 次迭代，初始点与相邻点靠拢。为了从整体上分析相邻轨道分离或靠近的趋势，对迭代过程平均化。设平均每次迭代所引起的指数分离中的指数为 λ，相距为 ε 的两点经过 n 次迭代后，两点间的距离为

$$\left| f^{(n)}(x_0 + \varepsilon) - f^{(n)}(x_0) \right| = \varepsilon \mathrm{e}^{n\lambda(x_0)} \qquad (2\text{-}37)$$

当 $\varepsilon \to 0$，$n \to \infty$ 时，有

$$\lambda(x_0) = \lim_{n \to \infty} \frac{1}{n} \sum_{i=1}^{n} \ln \left| \frac{\mathrm{d}f^{(n)}(x)}{\mathrm{d}x} \right|_{x=x_i} \qquad (2\text{-}38)$$

λ 称为李雅普诺夫指数，表示在多次迭代过程中平均每次迭代所引起的相邻离散点间以指数速度分离或靠近的趋势。

在 n 维相空间中，δx 是 n 维的，λ 有 n 个值。在 $t = t_0$ 时，以 x_0 为中心、$\delta x(x_0, t_0)$ 为半径做 n 维超球面，随着时间的演化，在 t 时刻，n 维超球面变形成为椭球面，其第 i 个坐标轴方向的半轴长在 t 时刻为 $\delta x_i(x_0, t)$，李雅普诺夫指数 λ 的第 i 个分量 λ_i 为

$$\lambda(x_0) = \lim_{t \to \infty} \frac{1}{t} \left| \frac{\delta x_i(x_0, t)}{\delta x_i(x_0, t_0)} \right| \qquad (2\text{-}39)$$

λ 的 n 个不同的值表示轨道沿不同方向收缩或扩展。这样，李雅普诺夫指数就与相空间的轨线收缩或扩张的性质相关联，在李雅普诺夫指数小于零的方向上，轨线收缩，运动稳定，对于初始值不敏感。而李雅普诺夫指数为正的方向上，轨道迅速分离，对初始值敏感。在李雅普诺夫指数谱中，最小

的李雅普诺夫指数决定轨道收缩的快慢。最大的李雅普诺夫指数则决定轨道发散即覆盖整个吸引子的快慢，而所有的指数之和 $\sum \lambda_i$ 可以认为大体上表征轨线总的平均发散快慢。

李雅普诺夫指数是衡量系统动力学特性的一个重要定量指标，表示系统在相空间中相邻轨道间收敛或发散的平均指数率。系统是否存在动力学混沌可以从最大李雅普诺夫指数是否大于零直观地判断出来。一个正的李雅普诺夫指数意味着在系统相空间中，不论初始两条轨线的间距多么小，其差别都会随时间的演化而呈指数率增加以致无法预测，这就是混沌现象。

李雅普诺夫指数对应混沌系统初始值敏感性，与吸引子之间关系如下 [89]。

（1）任何吸引子，不论是否为奇异吸引子，都至少有一个李雅普诺夫指数是负的，否则轨线就不可能收缩为吸引子。

（2）稳定状态和周期运动（以及准周期运动）都不可能有正的李雅普诺夫指数。稳定状态的李雅普诺夫指数都是负的。周期运动的最大李雅普诺夫指数等于零，其余的李雅普诺夫指数都是负的。

（3）对于任何混沌运动，都至少有一个正的李雅普诺夫指数，如果经过计算得知系统至少有一个正的李雅普诺夫指数，则可肯定系统做混沌运动。李雅普诺夫指数的计算方法可分为两类：如果知道系统的动力学方程，则可以根据前面介绍的定义来计算；如果不知道系统的动力学方程，则只有通过观测时间序列来估计。

3. 分形维数计算

维数是空间和客体的重要几何参量，数学上的维数并不是一个很简单的、易于理解的概念，分形维数的定义是多种多样的，可根据不同的目的引入不同维数。卡拉西奥多里（Caratheodory）在 1914 年提出了用集的覆盖来定义测度的思想，1919 年，豪斯多夫（Hausdorff）也用这种方法定义了以他名字命名的测度和维数，以此为基础，至今数学家们已经发展出了十多种不同的维数，如拓扑维、豪斯多夫维、自相似维、盒子维、容量维、信息维、相关维、Bouligand维、填充维、李雅普诺夫维等。本书主要用到系统的李雅普诺夫维数。

卡普兰（Kaplan）和约克（Yorke）（1979）首先提出李雅普诺夫指数和分数维之间是否存在关联，于是给出分数维的定义：

$$D_L = k - \frac{\sum_{i=1}^{k} \lambda_i}{\lambda_{i+1}} \qquad i = 1, 2, \cdots, k \qquad （2\text{-}40）$$

其中，k 是满足 $\lambda_1 + \lambda_2 + \ldots + \lambda_k \geq 0$ 的最大整数，λ_i 是系统的李雅普诺夫指数谱，其顺序按数值由大到小排列。

2.3.5 经典的混沌模型

1. 逻辑斯谛（Logistic）映射

$$X_n(t+1) = rX_n(t)[1 - X_n(t)] \qquad （2\text{-}41）$$

随着 r 值的增大，逻辑斯谛映射依次呈现出不动点、分岔（周期 2，周期 4，…）、阵发混沌带、混沌态，即从简单到复杂的变化性态。

（1）当 $0 < r < 1$ 时，所决定的动力系统的动力学形态十分简单，除了不动点 $X_0 = 0$ 外，再也没有其他的周期点，此时，$X_1 = 1 - 1/r < 0$，两个解都不满足 $0 < X_n(t) < 1$ 的要求，不具现实意义。

（2）当 $1 < r < 3$ 时，不动点 0 和 $1 - 1/r$ 为仅有的两个周期点，且 0 是排斥不动点，$1 - 1/r$ 为吸引不动点，X_n 只能趋向定常状态，演化轨迹收敛于一个均衡点。

（3）当 $3 < r < r_\infty$ 时，系统的动力学形态十分复杂，系统由倍周期通向混沌。其中，逻辑斯谛映射迭代时间序列终态经历了 2 分岔、4 分岔，随着参数 r 的增加，迭代时间序列相继出现 8、16 等周期分岔，即倍周期分岔过程，该过程可以从图 2-1 中清楚地看到。

（4）当 $r_\infty < r < 4$ 时，迭代时间序列表现为极为复杂的运动状态和过程，其中出现 3、5、7 等奇数周期分岔和新的倍周期分岔。在图 2.1 中可以看出，混沌区域中有一些空白带，这些空白带由若干段曲线构成，这说明对于相应的 r，迭代出现周期循环，也就是并非对所有大于 r_∞ 的映射迭代都出现混沌，这些"空白带"称为混沌区域中的周期窗口，此种情况在分岔图中明确显示出。

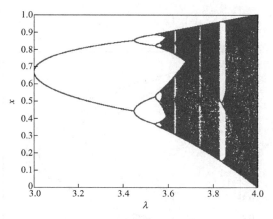

图 2.1　逻辑斯谛映射分岔图

2. 埃农（Henon）二维映射

埃农给出了带奇异吸引子的埃农二维混沌映射。具体如下：

$$\begin{cases} x(t+1) = a + by(t) - x(t)^2 \\ y(t+1) = px(t) \end{cases} \qquad （2-42）$$

1991 年，贝内迪克斯（M.Benedicks）和卡尔松（L.Carleson）发表了长达 100 页的著名论文，在文章中他们仔细分析了埃侬系统在特定的参数下吸引子的复杂性质。之后，由贝内迪克斯等给出的定理则进一步研究了从统计的角度刻画吸引子及吸引域内埃侬系统的统计规律[90]，如图 2-2 所示。图 2-3 刻画了埃农系统的分岔图，其与上述逻辑斯谛模型相似。从图中我们可以发现，x 随参数变化所经历的不动点、2 周期分岔、4 周期分岔、混沌等从简单到复杂的变化形态。

3. 洛伦兹（Lorenz）模型

洛伦兹模型是一个大气对流简化模型，但真正意义并不只用于气象预报，其对数学、机械、经济等领域都产生了巨大的影响。具体的形式如下：

$$\begin{cases} dx / dt = -\sigma(x - y) \\ dx / dt = rx - y - xz \\ dx / dt = xy - bz \end{cases} \qquad （2-43）$$

其中，σ、r、b 是正的参数，这是一个自治的三阶方程组。

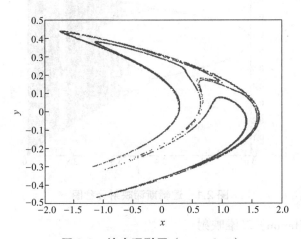

图 2.2　埃农吸引子（$a=1$，$b=2$）

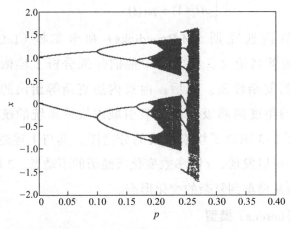

图 2.3　埃农分岔图（$a=1$，$b=2$）

1963 年，洛伦兹研究时 3 个参数的取值为：$\sigma=10$，$b=8/3$，$r=28$，这组参数值通常称为标准情形。当年洛伦兹就是在这一组参数值下，采用计算机数值计算，发现了奇异吸引子 [91]。如图 2-4 所示，混沌吸引子已成为混沌理论的徽标，代表着复杂性新科学。对于洛伦兹方程的研究，一般是固定参数 σ、b，单独考察 r 变化时系统行为的变化。图 2-5 为洛仑兹模型李雅普诺夫指数。

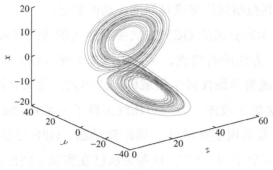

图 2.4 洛伦兹吸引子

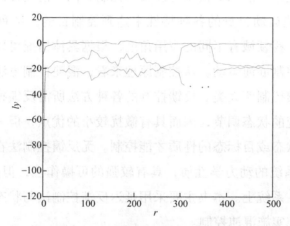

图 2.5 洛伦兹模型李雅普诺夫指数谱

2.3.6 混沌控制

混沌的发现揭示了确定性的原因未必产生规则性的结果，简单性的原因也可以产生复杂性的结果。若一个经济系统处于混沌状态，意味着不规则、对初始条件极度敏感和极为有限的可预测性对经济系统的平稳运行是有害的，因此，对混沌进行控制成为一个重要的研究课题。混沌控制包括广义的混沌控制和狭义的混沌控制。广义的混沌控制包括控制与反控制，当混沌有害时抑制，当混沌有利时制造混沌出现的条件，使系统产生混沌。狭义的混沌控制主要是抑制和消除混沌行为。目前，广义的混沌控制已广泛应用于机械、控制等工程系统中，在经济系统中主要是狭义的混沌控制，即认为混沌经济系统是不可预测的、无规律的，条件的微小变化会导致系统结果完全改变，所以需要将其控制到稳定或是周期波动的状态。

1990 年，科学家提出的 OGY 方法使混沌运动达到有效控制，后人通过实验验证了 OGY 方法的有效性，从而国内外对非线性系统混沌控制的研究迅速发展起来，成为非线性科学领域研究的热点。后人又针对 OGY 方法的不足对 OGY 方法做了改进。后来，相继出现了一系列的混沌控制方法，如自适应控制法、参数周期扰动法、周期激励法、OPF 控制法、周期脉冲控制法、连续反馈控制法等 [92, 93]。这些方法已在实验或实际问题中得到应用，并取得了许多成果。混沌的控制与经典的控制不同，混沌控制的共同特点是尽可能利用混沌运动自身的各种特性来达到控制目的。各种方法各有优缺点，在不同的学科领域有不同的应用角度，根据具体情况可以采用不同的控制方法抑制或控制混沌运动。从控制原理来看，混沌控制方法大体可分为反馈控制和无反馈控制两大类。反馈控制的各种方法所需反馈控制量的大小可以根据受控系统的状态调节，因而具有微扰较小的优点，但一般需要预先了解系统的运动状态或目标态的性质才能控制。无反馈控制法在实际控制中不需要预先知道系统的动力学性质，具有较强的可操作性，但是控制量较大，必须始终作用在系统上。本书主要采用延迟反馈控制法与状态反馈和参数调整控制法对系统实施混沌控制。

1. 延迟反馈控制法

延迟反馈控制（Delayed Feedback Control）法，亦称 DFC 方法，首先由皮拉加斯（Pyragas）（1993）提出 [91]。这种方法操作简便，无需知道具体的模型和预期轨道的选择，对于一般的连续和离散系统普遍适用，是混沌控制中比较常用的方法。与借助外力的反馈控制方法不同，延迟反馈控制嵌入系统的信号是系统内的输出信号，经过延迟时间一段后，再反馈给系统，用来代替外力输入。操作的关键是控制延迟的时间调节，使系统在高周期轨道稳定下来。

这种方法是基于 T 时间延迟后的系统状态和现在状态的不同来对系统进行混沌控制，体现了经济主体控制市场波动的延迟理性决策思想。假设直接把系统的输出信号取出一部分，经过时间延迟后再反馈到混沌系统中去作为控制信号。设系统反馈控制输入为

$$u(t) = k(x(t+1-T) - x(t+1))$$ （2-44）

其中， T 为延迟时间， k 为控制因子， $t > T$ 。当 $x(t+1-T) = x(t+1)$ 时， $u(t) = 0$ ，即经过 T 延迟的不稳定周期轨道后，系统进入稳定周期轨道。 k 是使得最大李雅普诺夫指数小于或等于零的值。 $u(t)$ 的大小取决于噪声、周期轨道稳定程度。

延迟反馈控制法以混沌系统本身的延迟时间而不是不稳定的周期轨道为信号，只要考虑不稳定周期轨道的周期状况，无需对周期轨道进行重构，更无需了解吸引子的结构特征。这是一种持续时间调整，而不是以离散的参数扰动为控制变量，对因噪声作用于系统的影响而产生的预期目标偏差有一定的控制。当不确定具体的动力学系统方程时，也能通过控制器有效地实现混沌控制。因为没有外力信号的干扰，并不会改变不稳定周期轨道的相关性质。控制器简单方便，控制量不大。

2. 状态反馈和参数调整控制法

考虑 n 维离散非线性动力系统

$$x_{k+1} = f(x_k, \mu)$$ （2-45）

其中， $x_k \in R^n$ ， $k \in Z$ ， $\mu \in R$ 为分岔参数，参数 μ 变化时，系统发生倍周期分岔，直至混沌。对系统采用如下参数调节和状态反馈控制策略：

$$x_{k+1} = \alpha f^{(m)}(x_k, \mu) + (1-\alpha)x_k$$ （2-46）

其中， $0 < \alpha < 1$ ， m 为正整数， $f^{(m)}(\cdot)$ 是映射 $f(\cdot)$ 的 m 次复合函数。受控系统与原系统有相同的 m 周期轨道。特别当 $\alpha = 1$ 时，受控系统退化为原系统：

$$J_1 = \left. \frac{\partial f(x_k, \mu)}{\partial x_k} \right|_{x_k = x^*}$$ （2-47）

不动点 x^* 稳定的条件为 J_1 的所有特征值 $|\lambda_i| < 1$ $(i = 1, 2, \cdots, n)$ 。可以得到不动点稳定时参数 μ 的取值范围。受控系统在不动点处的线性化矩阵为

$$J_2 = \left. \alpha \frac{\partial f(x_k, \mu)}{\partial x_k} + (1-\alpha) \right|_{x_k = x^*}$$ （2-48）

由于 J_2 中引入了调节参数 α ，只要选择适当的 α 值，就可以确保即使在

不动点 x^* 失稳的 μ 值范围内，也可满足 J_2 的所有特征值 $|\lambda_i| < 1$ $(i = 1, 2, \cdots, n)$ ，从而使不动点在更大的参数范围内保持稳定，延迟分岔、混沌现象的发生。

2.4 动态经济预期理论

为了便于分析市场上产品的供给量、需求量和市场价格的动态变化规律，研究者往往首先确定市场主体的对于自身决策的主观预期模式。在已有的文献中，常见的预期模式有以下几种：静态预期、有限理性预期、自适应预期和参考均衡价格预期。下面以对产量的预期为例，给出基于这 4 种预期的经济学模型，其中 $p^*(t)$ 和 $p(t)$ 分别为预期的价格和实际的价格。$S(t)$ 和 $D(t)$ 分别表示第 t 期的产品供给量和需求量，且均为价格的函数。

2.4.1 静态预期

静态预期模型可以表示为

$$\begin{cases} D(t) = D(p(t)) \\ S(t) = S(p^*(t)) \\ p^*(t) = p(t-1) \\ D(t) = S(t) \end{cases} \quad （2\text{-}49）$$

该模型表示在供求平衡的前提下，决策者将第 t 期的产品的定价定位为第 $t-1$ 期的实际价格。

2.4.2 有限理性预期

有限理性预期模型可以表示为

$$\begin{cases} D(t) = D(p(t)) \\ S(t) = S(p^*(t)) \\ p^*(t) = p(t-1) + kp(t-1)\dfrac{\partial \pi(t-1)}{\partial p(t-1)} \\ D(t) = S(t) \end{cases} \quad （2\text{-}50）$$

该模型表示在供求平衡的前提下，决策者将第 t 期的产品的定价由两方面共同决定，一方面是上一期的实际价格，另一方面是上一期的关于价格的边际利润，如果 $\partial \pi(t-1)/\partial p(t-1)$ 为正，则调高价格，如果 $\partial \pi(t-1)/\partial p(t-1)$ 为负，则降低价格。

2.4.3　适应性预期

适应性预期模型可以表示为

$$
\begin{cases}
D(t) = D(p(t)) \\
S(t) = S(p^*(t)) \\
p^*(t) = p^*(t-1) + \delta(p(t-1) - p^*(t-1)) \\
D(t) = S(t)
\end{cases}
\tag{2-51}
$$

该模型表示在供求平衡的前提下，决策者将第 t 期的产品的定价由两方面共同决定，一方面是上一期的预期定价，另一方面是上一期的预期定价与实际价格之间的偏离度。

2.4.4　参考均衡价格预期

参考均衡价格模型可以表示为

$$
\begin{cases}
D(t) = D(p(t)) \\
S(t) = S(p^*(t)) \\
p^*(t) = p(t-1) + c(\bar{p} - p(t-1)) \\
D(t) = S(t)
\end{cases}
\tag{2-52}
$$

该模型表示在供求平衡的前提下，决策者将第 t 期的产品的定价由两方面共同决定，一方面是上一期的实际定价 $p(t-1)$，另一方面是 $p(t-1)$ 与均衡价格 $\bar{p}$ 之间的偏离度。

第3章　农产品供应链同级企业销售量动态博弈研究

面对农产品市场激烈的竞争局面，销售商为提升自身品牌，获得更大的经济利益，展开了农产品销售大战，出现了农产品供应链同级销售商之间的博弈竞争局面。本章把不同理性、非线性成本及溢出效应等参数引入农产品供应链同级销售商之间的动态博弈竞争中，以农产品销售量为决策变量，建立动态古诺博弈模型，重点研究农产品供应链同级销售商动态博弈过程及其复杂性。在此模型中，根据销售商在农产品市场中地位不同和运营模式差异，将销售商分为主导销售商和被动销售商，分别采用有限理性行为策略和简单理性行为策略。由于销售商自身成本结构复杂，模型采用非线性成本函数取代简单的线性成本函数。结合农产品销售商之间经常出现销售模式、运输途径和保存技术等溢出效应的情况，模型在成本函数中加入溢出效应参数，使得成本函数更贴近农产品销售市场中销售商运营成本的真实情况。针对所建立的博弈模型，本章进行纳什均衡点的存在性和稳定性分析，并且研究农产品销售市场竞争过程中可能产生的丰富混沌动力学现象。最后，本章利用延迟反馈控制法对模型的混沌现象实施控制，使农产品销售市场重新回到稳定的环境中，为销售商的运营决策作出理论性指导。

3.1　模型构建

假定在双寡头农产品销售市场中，用 i 为 1 和 2 时的 $q_i(t)$ 表示销售商 1 和销售商 2 在 t 时期的销售量，销售总量为 $Q(t) = q_1(t) + q_2(t)$，则该时期的农产品价格 P 由 $P = P(Q) = a - bQ = a - b(q_1 + q_2)$ 决定，其中 a 和 b 是正常数，a 表示农产品的最高价格。销售商的成本函数为 $C_i(q_i) = (c_i q_i^2 + d_i q_i + e_i)/(1 + r_{ij} q_j)$，$C_i(q_i)$ 为非线性二次函数，c_i、d_i、e_i 是与农产品销售有关的正常数，r_{ij}

为溢出效应参数，表示由于销售商 j 的存在而对销售商 i 产生正的成本外在性，$c_i/(1+r_{ij}q_j)$ 是运营成本曲线 $C_i(q_i)$ 的曲率，即运营成本随销售量增加的加速度，$d_i/(1+r_{ij}q_j)$ 是运营成本 $C_i(q_i)$ 的斜率，即运营成本随销售量增加的速度，$e_i/(1+r_{ij}q_j)$ 是运营成本曲线 $C_i(q_i)$ 的截距，是销售商固定的运营成本。因此，销售商利润函数为

$$\Pi_i = q_i(a-bQ) - \left(\frac{c_iq_i^2 + d_iq_i + e_i}{1+r_{ij}q_j}\right) \qquad i=1,2 \qquad （3-1）$$

对 Π_i 关于 q_i 求偏导，得到第 i 个销售商的边际利润为

$$\Phi_i = \frac{\partial \Pi_i}{\partial q_i} = \left(a - \frac{d_i}{1+r_{ij}q_j}\right) - 2\left(b + \frac{c_i}{1+r_{ij}q_j}\right)q_i - bq_j \qquad i=1,2 , i \neq j \qquad （3-2）$$

令 $\Phi_i = 0$，得出系统最优反应，即纳什均衡为

$$q_i^* = \frac{1}{2\left(b + \dfrac{c_i}{1+r_{ij}q_j}\right)}\left(\left(a - \frac{d_i}{1+r_{ij}q_j}\right) - bq_j\right) \qquad （3-3）$$

考虑到双方销售商具有理性差异，企业运营策略有所不同，建立一种根据边际利润决定销售量的运营策略，并称其为有限理性。在这个模型中，销售商并不知道需求函数的完全信息，只是在每一时期根据对边际利润 Φ_i 的估计来对下一时期的销售量进行调整。如果销售商在第 t 时期的边际利润 Φ_i 为正，那么将增加第 $t+1$ 时期的销售量 q_i。相反，如果销售商在第 t 时期的边际利润 Φ_i 为负，那么将减少第 $t+1$ 时期的销售量 q_i。这个模型里，销售商对运营策略调整是有限理性的，其动态的博弈模型为

$$q_1(t+1) = q_1(t) + \alpha q_1(t)\Phi_1(t) \qquad （3-4）$$

其中，$0 < \alpha < 1$，表示销售商对销售量调整的反应速度。将（3-2）代入，得到

$$q_1(t+1) = q_1(t) + \alpha q_1(t)\left(\left(a - \frac{d_1}{1+r_{12}q_2}\right) - 2\left(b + \frac{c_1}{1+r_{12}q_2}\right)q_1(t) - bq_2(t)\right) \qquad （3-5）$$

如果销售商只有简单的理性，则会根据模型的最优反应即纳什均衡来决

定自身销售量的运营策略，称为纳什策略。动态的纳什策略模型为

$$q_2(t+1) = \frac{1}{2\left(b + \dfrac{c_2}{1+r_{21}q_1}\right)}\left(\left(a - \frac{d_2}{1+r_{21}q_1}\right) - bq_1(t)\right) \qquad (3\text{-}6)$$

本书假定主导销售商具有有限理性，被动销售商为简单理性，根据式（3-5）和式（3-6）得到不同理性销售商动态博弈模型为

$$\begin{cases} q_1(t+1) = q_1(t) + \alpha q_1(t)\left(\left(a - \dfrac{d_1}{1+r_{12}q_2}\right) - 2\left(b + \dfrac{c_1}{1+r_{12}q_2}\right)q_1(t) - bq_2(t)\right) \\ q_2(t+1) = \dfrac{1}{2\left(b + \dfrac{c_2}{1+r_{21}q_1}\right)}\left(\left(a - \dfrac{d_2}{1+r_{21}q_1}\right) - bq_1(t)\right) \end{cases} \qquad (3\text{-}7)$$

3.2　系统均衡点及稳定性分析

假设式（3-7）的系统的雅可比矩阵为

$$J = \begin{bmatrix} J_{11} & J_{12} \\ J_{21} & J_{22} \end{bmatrix} \qquad (3\text{-}8)$$

其中

$$J_{11} = 1 + \alpha\left(a - \frac{d_1}{1+r_{12}q_2} - \left(4b + 4\frac{c_1}{1+r_{12}q_2}\right)q_1 - bq_2\right) \qquad (3\text{-}9)$$

$$J_{12} = \alpha q_1\left(\frac{d_1 r_{12} + 2c_1 r_{12}q_1}{(1+r_{12}q_2)^2} - b\right) \qquad (3\text{-}10)$$

$$J_{21} = \frac{\dfrac{d_2 r_{21}}{(1+r_{21}q_1)^2} - b}{2b + 2\dfrac{c_2}{1+r_{21}q_1}} + \frac{\left(2a - 2\dfrac{d_2}{1+r_{21}q_1} - 2bq_1\right)c_2 r_{21}}{\left(2b + 2\dfrac{c_2}{1+r_{21}q_1}\right)^2(1+r_{21}q_1)^2} \qquad (3\text{-}11)$$

$$J_{22} = 0 \qquad (3\text{-}12)$$

假设系统的纳什均衡点为 E^*，利用系统的雅可比矩阵可以讨论其稳定性。

定理 3.1　纳什均衡点 E^* 是局部渐进稳定的，如果参数满足以下条件：

$$\alpha^* < \cfrac{2}{q_1^*\left(\cfrac{d_1 r_{12} + 2c_1 r_{12} q_1^*}{(1 + r_{12} q_2^*)^2} - b\right)\left(\cfrac{\cfrac{d_2 r_{21}}{(1 + r_{21} q_1^*)^2} - b}{2b + 2\cfrac{c_2}{1 + r_{21} q_1^*}} + \cfrac{\left(2a - 2\cfrac{d_2}{1 + r_{21} q_1^*} - 2bq_1^*\right)c_2 r_{21}}{\left(2b + 2\cfrac{c_2}{1 + r_{21} q_1^*}\right)^2 (1 + r_{21} q_1^*)^2}\right) - \left(a - \cfrac{d_1}{1 + r_{12} q_2^*} - \left(4b + 4\cfrac{c_1}{1 + r_{12} q_2^*}\right)q_1^* - bq_2^*\right)}$$

（3-13）

系统在纳什均衡点为 E^* 的雅可比矩阵为

$$\boldsymbol{J}(E^*) = \begin{bmatrix} J_{11}^* & J_{12}^* \\ J_{21}^* & J_{22}^* \end{bmatrix}$$

（3-14）

$\boldsymbol{J}(E^*)$ 的特征多项式为 $F(\lambda) = \lambda^2 - \text{Tr}\lambda + \text{Det} = 0$，其中，$\text{Tr}$ 是雅可比矩阵的迹，Det 是雅可比矩阵的行列式，其中

$$\text{Tr} = 1 + \alpha\left(a - \cfrac{d_1}{1 + r_{12} q_2^*} - \left(4b + 4\cfrac{c_1}{1 + r_{12} q_2^*}\right)q_1^* - bq_2^*\right)$$

（3-15）

$$\text{Det} = -\alpha q_1^*\left(\cfrac{d_1 r_{12} + 2c_1 r_{12} q_1^*}{(1 + r_{12} q_2^*)^2} - b\right)\left(\cfrac{\cfrac{d_2 r_{21}}{(1 + r_{21} q_1^*)^2} - b}{2b + 2\cfrac{c_2}{1 + r_{21} q_1^*}} + \cfrac{\left(2a - 2\cfrac{d_2}{1 + r_{21} q_1^*} - 2bq_1^*\right)c_2 r_{21}}{\left(2b + 2\cfrac{c_2}{1 + r_{21} q_1^*}\right)^2 (1 + r_{21} q_1^*)^2}\right)$$

（3-16）

可以得出 $\text{Tr}^2 - 4\text{Det} > 0$。因此，可以推断 $\boldsymbol{J}(E^*)$ 在纳什均衡点 E^* 处有实特征值。纳什均衡点的稳定区域可以根据 Jury 条件获得：

$$\begin{cases} 1 - \text{Tr} + \text{Det} > 0 \\ 1 + \text{Tr} + \text{Det} > 0 \\ \text{Det} - 1 < 0 \end{cases}$$

（3-17）

根据以上条件可以得到纳什均衡点 $E^* = (q_1^*, q_2^*)$ 的稳定区域为 $[0, \alpha^*]$，其中

$$\alpha^* = \cfrac{2}{q_1^*\left(\cfrac{d_1 r_{12} + 2c_1 r_{12} q_1^*}{(1+r_{12} q_1^*)^2} - b\right)\left(\cfrac{\cfrac{d_2 r_{21}}{(1+r_{21} q_1^*)^2} - b}{2b + 2\cfrac{c_2}{1+r_{21} q_1^*}} + \cfrac{\left(2a - 2\cfrac{d_2}{1+r_{21} q_1^*} - 2bq_1^*\right)c_2 r_{21}}{\left(2b + 2\cfrac{c_2}{1+r_{21} q_1^*}\right)^2 (1+r_{21} q_1^*)^2}\right) - \left(a - \cfrac{d_1}{1+r_{12} q_2^*} - \left(4b + 4\cfrac{c_1}{1+r_{12} q_2^*}\right)q_1^* - bq_1^*\right)}$$ （3-18）

随着参数 α 的变化，系统纳什均衡点 $E^* = (q_1^*, q_2^*)$ 的稳定区域也随之变化。如果其他参数不变，当 $\alpha < \alpha^*$ 时，系统纳什均衡点处于稳定区域。如果有限理性销售商的调整速度处于 $[0, \alpha^*]$ 范围内，销售商的销售量在经过若干次博弈后趋向纳什均衡点 E^*。$\alpha = \alpha^*$ 时系统出现周期现象分岔，纳什均衡点不再稳定。当 α 进一步增大，纳什均衡点进入不稳定区域。有限理性销售商根据其在 t 时期的边际利润来调整 $t+1$ 时期的销售量，简单理性销售商则根据有限理性销售商在前一周期的销售量对自身的销售量进行调整。为了获得更大的利润，有限理性销售商会增大调整速度 α。一旦调整速度过大，当 $\alpha = \alpha^*$ 时系统将离开稳定区域并且出现倍周期分叉。当参数 α 继续增大，系统的纳什均衡点将不再稳定。当 $\alpha > \alpha^*$，系统将进入混沌状态。

当农产品市场的销售量达到纳什均衡点 $\left(q_1^*, q_2^*\right)$，整个农产品市场处于稳定的状态中，市场中的所有销售商都有序竞争。稳定区域的经济学意义是，不论两个销售商的初始销售量如何选择，经过若干次竞争博弈后，他们最终将达到纳什均衡点 $\left(q_1^*, q_2^*\right)$。

但值得注意的是，两个销售商不能立刻达到纳什均衡点 $\left(q_1^*, q_2^*\right)$。他们需要经过反复博弈竞争后才能达到均衡点。为了获得更大的销售量和利润，销售商不断加快销售量的调整速度。但是，一旦有限理性销售商的销售量调整速度过快，超出 α 的稳定区域，农产品销售市场将不再处于稳定状态，进而进入混沌状态。调整速度 α 值的改变不会影响系统的纳什均衡点 $\left(q_1^*, q_2^*\right)$。

3.3　动态分析与决策

3.3.1　销售量调整速度对系统稳定性的影响

为了进一步分析博弈系统的动力学行为以及销售量调整速度对系统稳定

性的影响，本小节借助数值仿真描绘其演化过程中的复杂特性。

首先，对式（3-7）进行参数赋值，将销售量调整参数 α 设为可控参数，假设其他参数为 $a=8$，$b=0.5$，$c_1=2$，$c_2=3$，$d_1=d_2=2$，$e_1=e_2=1$，$r_{12}=0.5$，$r_{21}=1$。

$$\begin{cases} q_1(t+1)=q_1(t)+\alpha q_1(t)\left(8-\dfrac{2}{1+0.5q_2(t)}-\left(1+\dfrac{4}{1+0.5q_2(t)}\right)q_1(t)-0.5q_2(t)\right) \\ q_2(t+1)=\dfrac{1}{1+\dfrac{6}{(1+q_1(t))}}\left(8-\dfrac{2}{(1+q_1(t))}-0.5q_1(t)\right) \end{cases}$$（3-19）

将参数值代入式（3-11），经计算，$1-\mathrm{Tr}+\mathrm{Det}>0$ 和 $\mathrm{Det}-1<0$ 总是成立的，由 $1+\mathrm{Tr}+\mathrm{Det}>0$ 得到纳什均衡的稳定性区域为 $\alpha<0.3082$。因此，在 $\alpha<0.3082$ 这个范围取值时，E^* 是局部稳定的。

当两个销售商的销售量调整速度位于稳定域内时，其纳什均衡点 E^* 为 $E^*=(q_1^*,q_2^*)=(2.030,2.122)$，两个销售商的边际利润为零，销售量在纳什均衡点附近变动，静态的古诺纳什均衡可以作为稳定的动态均衡实现。当销售量的调整速度超过稳定域边界，系统将从纳什均衡经过倍周期分岔向混沌状态过渡。

图 3.1 表示调整反应速度 α 的变化引起系统销售量 q_i 的分岔现象，从图 3.1 可以看出，当 $\alpha<0.3082$ 时，纳什均衡点 $E^*=(q_1^*,q_2^*)=(2.030,2.122)$ 是稳定的。当 $\alpha=0.3082$ 时，系统出现了 2 周期分岔。当 α 进一步增大，E^* 将不再稳定，相继产生 4 周期分岔、混沌等复杂的动力学现象。

图 3.2 为系统随 α 变化的最大李雅普诺夫指数谱。李雅普诺夫指数是定量描述混沌系统的重要指标，反映了相空间内系统相邻轨道收敛和发散的长期平均水平，它的数值是实数。当李雅普诺夫指数为负值时，相空间体积收缩，处于稳定的运动状态，不具备初值敏感依赖性。当李雅普诺夫指数为正时，相空间轨道分离，具有初值敏感性，整个系统处于混沌状态。当李雅普诺夫指数为零时，系统处于两者的临界状态，从图 3.2 中可以看出，当 $\alpha<0.3082$，系统李雅普诺夫指数为负，系统处于稳定状态，两个销售商的销售量处于稳定域内，始终保持纳什均衡。最大李雅普诺夫指数接近于零点

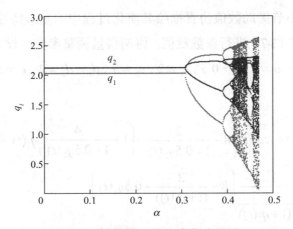

图 3.1 销售量 q_i 随 α 变化分岔图

（0.3082，−0.0001984），与图 3.1 中第一次分岔点相对应。此时，系统出现了周期分岔现象。当 $\alpha > 0.3082$ 时，系统李雅普诺夫指数为正，系统随着 α 值增大逐渐进入混沌状态，系统的纳什均衡点 E^* 不再稳定。整个农产品销售市场处于混乱竞争的局面。

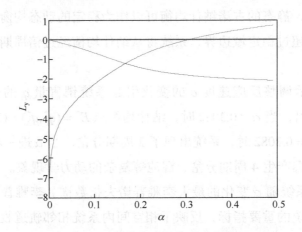

图 3.2 关于 α 的李雅普诺夫指数图

3.3.2 系统的吸引子与分数维

奇异吸引子是混沌现象的内在特征，是对相空间中不规则轨道的度量，具有临近点的奇异吸引子发生指数的离析的特征，即对于确定性的系统，随着时间的推移会发生变化，这就是对于初始条件的敏感依赖程度，而描述奇异吸引子就要用到李雅普诺夫指数。图 3.3 ～图 3.7 是 α 取不同值的混沌吸引子。这是古诺模型混沌吸引子的一个演化过程。从图中可以看到，随着 α 取值的不断增大，分形结构越来越清晰，吸引子图像越来越完整。

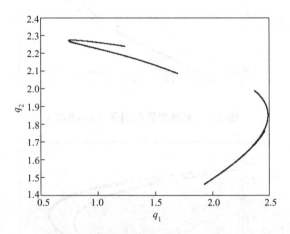

图 3.3　系统奇异吸引子（$\alpha = 0.42$）

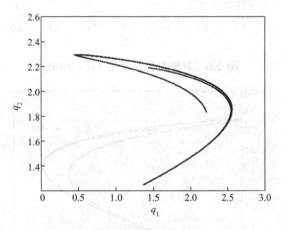

图 3.4　系统奇异吸引子（$\alpha = 0.44$）

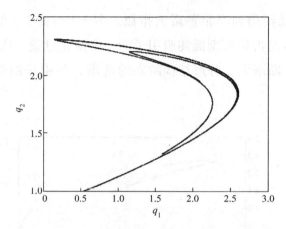

图 3.5　系统奇异吸引子（$\alpha = 0.46$）

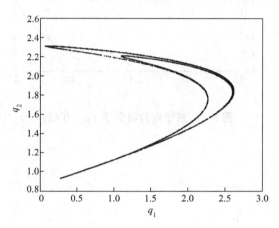

图 3.6　系统奇异吸引子（$\alpha = 0.465$）

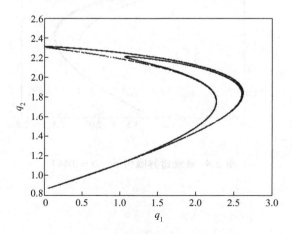

图 3.7　系统奇异吸引子（$\alpha = 0.469$）

当 $\alpha = 0.469$ 时，系统完全进入混沌状态，从图 3.1 关于 α 的分岔图也可以清晰观察到。可以发现，该博弈模型的奇异吸引子和埃农混沌模型的奇异吸引子很相似，这说明该系统具有一定的混沌特性。

具有分形结构的奇异吸引子的典型特征可以用分形维数来描述。这里采用李雅普诺夫指数定义李雅普诺夫维数，李雅普诺夫维数是奇异吸引子的特征量。卡普兰（Kaplan）和约克（Yorke）指出，对于一个普通的二维映射，如果存在奇异吸引子，那么就能找到李雅普诺夫指数 λ_1 和 λ_2，并且 $\lambda_2 < 1 < \lambda_1$，用 d_L 定义李雅普诺夫维数：

$$d_L = 1 - \frac{\lambda_1}{\lambda_2} \tag{3-20}$$

表 3.1 是销售商在不同销售量调整速度 α 的状态下系统的分形维数。从表中可以观察到，分形维数 d_L 取值范围为 $(1,2)$，再次验证了系统在 α 的调整下将处于混沌状态。

经过计算可得，分形维数在 $\alpha = 0.469$ 时取得最大值 $d_L = 1.3172$。系统的分形维数越大，说明系统越复杂。由此可以得出，在 $d_L = 1.3172$ 时，系统处于最强的混沌状态中。此时，整个农产品销售市场销售商之间的竞争将不再有序。

表 3.1　销售商销售量调整速度 α 值的分形维数

α	λ_1	λ_2	d_L
0.420	0.494 7	−2.016	1.245 4
0.440	0.563 3	−2.038	1.276 4
0.460	0.627 7	−2.058	1.305 0
0.465	0.643 2	−2.063	1.311 8
0.469	0.655 4	−2.066	1.317 2

3.3.3　系统的初值敏感性

初值敏感性是混沌系统的重要特征。系统对销售量的初值敏感依赖性可以用系统的时间历程图检验。图 3.8 为 $\alpha = 0.46$ 时，系统初始销售量分别

为 $(q_{1_0}, q_{2_0}) = (0.3, 0.4)$ 和 $(q_{1_0} + 0.000\,01, q_{2_0}) = (0.300\,01, 0.4)$ 时的系统销售量 q_1 和 q_2 的时间历程。从图 3.8 中可以看出，开始时，两条轨线几乎是重合的，随着迭代次数的不断增加，两条轨线之间的差距越来越大。在迭代了大约 30 次以后，系统的销售量波动越来越明显。由此可以看出，销售量初始值发生微小变化会对系统结果产生巨大的影响，因此，系统具有典型的混沌特性。

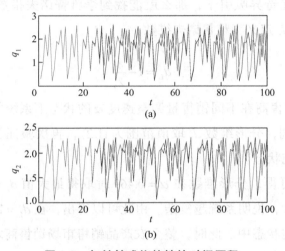

图 3.8　初始敏感依赖性的时间历程

通过以上的数值分析和模拟仿真可以看出，不同策略的双寡头销售商的博弈过程是一个有限理性的动态变化过程。有限理性销售商在博弈过程中处于主导地位，可通过改变系统的销售量调整速度 α 来控制农产品销售市场的总体竞争进程，而处于纳什均衡策略的简单理性销售商处于被动地位，只能根据有限理性销售商的调整速度被动确定最大利润。

两个销售商在动态的重复博弈过程中逐渐趋向纳什均衡点 E^*，这时销售商的利润达到最大，同时农产品销售市场也处于一个相对稳定的竞争环境，这时主导销售商销售量的调整速度 $\alpha < 0.308\,2$。根据农产品市场的特点可知，农产品销售量处于一个不断增加的状态，这使得销售商又将进行新一轮的动态重复博弈，直至再一次达到新的纳什均衡。然而，当主导销售商的销售量的调整速度 $\alpha > 0.308\,2$ 时，系统的纳什均衡点会因为调整速度过大而进入不稳定区域，被动销售商也随之变得不稳定，整个农产品销售市场进而出现周期分岔、混沌等复杂的动力学现象，销售商将不能获得稳定的利润，农产品市场处于混乱竞争的状态并且出现不可预测性。在此混沌的市场状态下，由于销售商的决策层次和成本不同，使得初始销售量的微小变化都将会对最终结果造成很大影响，市场变得更加不可预测。因此，在其他参数确定的情况下，主导销售商对销售量调整速度的控制就变得尤为重要，关系到整个农产品销售市场的稳定运行。

3.4　混沌控制

当农产品市场出现混沌现象时，双方销售商对此都是不愿面对的，所以，他们会采取一定的措施来延迟或者消除混沌的出现，使农产品销售市场处于一个稳定的状态。本章采用皮拉加斯（Pyragas）提出的延迟反馈控制法对系统进行混沌控制。这种方法基于 T 时间延迟后的系统状态和现在状态的不同来对系统进行混沌控制，体现了经济主体控制市场波动的延迟理性决策思想。该方法直接把系统的输出信号取出一部分，经过时间延迟后再反馈到混沌系统中去作为控制信号。设系统反馈控制输入为

$$u(t) = k(x(t+1-T) - x(t+1)) \qquad (3\text{-}21)$$

其中，T 为延迟时间，k 为控制因子，$t > T$。

有限理性的销售商在农产品销售市场中处于主导地位，实施混沌控制策略，令 $T=1$，建立新的系统：

$$\begin{cases} q_1(t+1) = q_1(t) + \alpha q_1(t)\left(\left(a - \dfrac{d_1}{1+r_{12}q_2}\right) - 2\left(b + \dfrac{c_1}{1+r_{12}q_2}\right)q_1(t) - bq_2(t)\right) + k(q_1(t) - q_1(t+1)) \\ q_2(t+1) = \dfrac{1}{2\left(b + \dfrac{c_2}{1+r_{21}q_1}\right)}\left(\left(a - \dfrac{d_2}{1+r_{21}q_1}\right) - bq_1(t)\right) \end{cases}$$

$$(3\text{-}22)$$

式（3-22）在点 (q_1^*, q_2^*) 处的雅可比矩阵为

$$J(E^*) = \begin{bmatrix} 1 + \dfrac{\alpha}{(k+1)}\left(8 - \dfrac{2}{1+\frac{1}{2}q_2^*} - \left(2 + \dfrac{8}{1+\frac{1}{2}q_2^*}\right)q_1^* - \dfrac{1}{2}q_2^*\right) & \dfrac{\alpha}{(k+1)}q_1^*\left(\dfrac{1+2q_1^*}{\left(1+\frac{1}{2}q_2^*\right)^2} - \dfrac{1}{2}\right) \\[4mm] \dfrac{\dfrac{2}{(1+q_1^*)^2} - \dfrac{1}{2}}{1 + \dfrac{6}{1+q_1^*}} + 3\dfrac{16 - \dfrac{4}{1+q_1^*} - q_1^*}{\left(1+\dfrac{6}{1+q_1^*}\right)^2(1+q_1^*)^2} & 0 \end{bmatrix}$$

（3-23）

根据纳什均衡点 E^* 局部稳定的充分必要条件式（3-17），在其他参数值不变的条件下，得到 $\alpha < 0.308\ 2(k+1)$ 时式（3-19）稳定。$k=0$ 时 α 取值与原系统稳定时取值相同，受控系统退化为原系统。从图 3.9 和图 3.10 可以看出，当系统受控因子 $k=0.2$ 时，系统受控后的纳什均衡点的稳定域增大，系统稳定时调整速度变化范围由受控前 $\alpha=[0,0.308\ 2]$ 增大到受控后 $\alpha=[0,0.369\ 8]$。

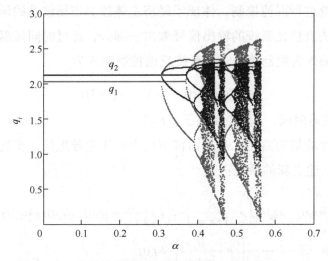

图 3.9　系统受控前后销售量 q_i 变随 α 化演化（$k=0.2$）

随着受控因子 k 的进一步增大，系统混沌状态逐渐得到控制直至完全消除。由 $\alpha < 0.308\ 2(k+1)$ 时系统稳定，得到当 $k > \alpha/0.308\ 2 - 1$ 时，纳什均衡点 E^* 稳定，系统处于稳定状态。

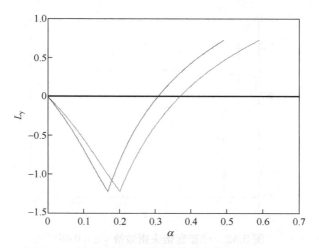

图 3.10 系统受控前后李雅普诺夫指数谱（k=0.2）

图 3.11 和图 3.12 研究了受控系统随 k 变化的稳定性。图 3.11 为系统随受控因子 k 变化的演化图，图 3.12 为相应的李雅普诺夫指数谱。当 α=0.46 时系统处于混沌状态，从图中可以看到，当 k>0.492 5 时，系统稳定在纳什均衡点，销售量保持在稳定值 $(q_1^*, q_2^*) = (2.030, 2.122)$。

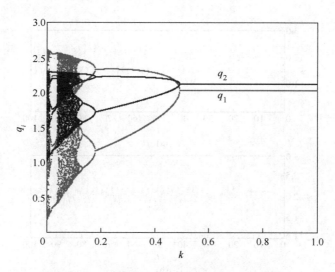

图 3.11 销售量 q_i 随 k 变化演化（$\alpha = 0.46$）

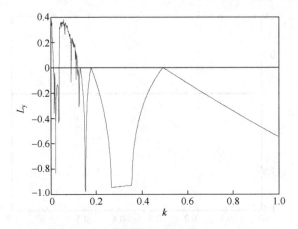

图 3.12　李雅普诺夫指数谱（$\alpha = 0.46$）

如图 3.13 所示，加入控制参数 $k=0.3$ 后，博弈进行 30 次左右可以将受控系统稳定在两周期点 $(1.381,2.331)$ 和 $(1.838,2.226)$。如图 3.14 所示，加入控制参数 $k=0.8$ 后，博弈进行 20 次左右可以将受控系统稳定在纳什均衡点 $(q_1^*,q_2^*) = (2.030,2.122)$。

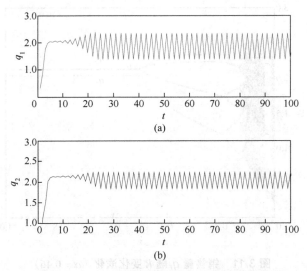

图 3.13　$k = 0.3$ 时系统稳定在 2 周期点

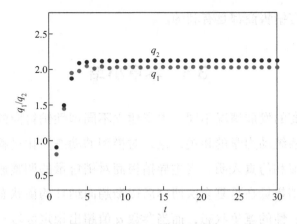

图 3.14　$k = 0.8$时系统稳定在纳什均衡点(q_1^*, q_2^*)

考虑到$0 < \alpha < 1$，由纳什均衡点稳定条件$\alpha < 0.308\,2(k+1)$可得，受控系统在$k > 2.244\,6$时，纳什均衡点在整个$\alpha=[0,1]$取值范围内均稳定，图 3.15 是当$k=2.5$，$\alpha=[0,1]$时，受控系统稳定在纳什均衡点$(q_1^*, q_2^*) = (2.030, 2.122)$的情况。由以上分析可知，加入控制参数$k$，受控系统中变量的分岔情况与原系统相比被推迟或完全消除，从而实现了推迟或阻止混沌现象发生的目的。

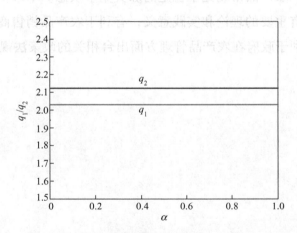

图 3.15　$k = 2.5$时系统稳定在$(q_1^*, q_2^*) = (2.030, 2.122)$

由此可以看出，主导销售商通过延迟反馈来控制农产品市场的混沌状态，通过调节延迟反馈系数k，使农产品市场处于一个稳定的状态中。随着k的不断增大，农产品市场的混沌状态逐步得到控制并完全消除。这对农产品市场中的所有销售商都是有利的。

3.5 本章小结

由于销售商的发展情况不同，本章建立不同理性销售商的动态古诺博弈模型，并根据系统动力学的相关理论，对模型的动态演化过程进行了定性的分析。数值模拟和仿真表明，当主导销售商对销售量的调整速度参数 α 处于稳定区域时，销售量在重复多次博弈后逐渐趋向纳什均衡状态，农产品销售市场处于平稳良性的竞争状态，而当参数 α 值超出稳定区域时，农产品市场出现了周期的分岔直至混沌现象，这可能使得农产品市场变得混乱。混沌现象对农产品市场的每个销售商都是有害的，整个农产品市场将变得无序甚至不可预测。

针对这个问题，本章采用延迟反馈控制法对农产品销售市场混沌状况进行控制，使得两个销售商的销售量稳定在纳什均衡点。结果表明，系统加入延迟反馈控制之后，纳什均衡点的稳定域增大，农产品市场的混沌状况将被推迟甚至消除，农产品市场处于稳定的寡头竞争状态。本章研究结果对我国农产品市场具有重要的理论和实践意义，有利于农产品销售商规划自身的企业战略，也有利于政府在农产品管理方面出台相关的政策法规。

第4章 农产品供应链同级多企业价格动态博弈研究

4.1 农产品市场价格竞争现状分析及模型提出

农产品供应链中的同级企业之间的价格竞争是一个复杂的动态过程，受多种因素的影响，包括市场需求、生产成本、产品质量、品牌影响力、市场份额及政策法规等。首先，市场需求是价格竞争的关键因素之一。当市场需求旺盛时，企业可能会通过提高价格来获取更高的利润；当市场需求下降时，为了争夺市场份额，企业往往会采取降价策略来吸引消费者。在农产品供应链中，这种需求变化尤为明显，因为农产品的季节性、地域性等特点使得其市场需求具有较大的波动性。其次，生产成本也是影响价格竞争的重要因素。企业在制定价格时，必须考虑自身的生产成本，包括原材料采购、加工、运输、储存等各个环节的费用。如果企业能够通过优化生产流程、提高生产效率等方式降低成本，可能在价格竞争中占据优势。然而，在农产品供应链中，由于农产品的生产受自然条件的限制，生产成本往往难以大幅度降低，这使得价格竞争更加激烈。

本章建立农产品市场不同理性寡头垄断伯特兰德模型，以价格作为决策变量，具体分析农产品市场同级销售商的价格竞争和企业决策。

4.2 模型的构建与求解

假定在农产品市场中有 3 家销售商都是伯特兰德型寡头，以价格作为决策变量。用 p_i（$i = 1,2,3$）分别代表 3 家销售商的价格，q_i（$i = 1,2,3$）代表

各自的销售量。假设 3 家销售商的需求函数为

$$\begin{cases} q_1 = a - bp_1 + bk(p_2 + p_3) \\ q_2 = a - bp_2 + bk(p_1 + p_3) \\ q_3 = a - bp_3 + bk(p_1 + p_2) \end{cases} \tag{4-1}$$

其中，$a, b, k > 0$，k 是产品差异程度参数。当 $k = 0$ 时，销售商之间没有替代性，此时每家农产品销售商都是垄断者；当 $k = 1$ 时，3 家销售商是没有差别的，可以相互替代。也就是说，当 k 趋于 0 时，销售商之间差异性增大。当 k 趋于 1 时差异性减小。假设销售商的成本函数为

$$C_i(t) = c_i q_i(t) \qquad i = 1, 2, 3 , \quad c_i > 0 \tag{4-2}$$

得到销售商的利润函数为

$$\Pi_i(t) = (p_i(t) - c_i) q_i(t) \qquad i = 1, 2, 3 \tag{4-3}$$

对 Π_i 关于 p_i 求偏导，得到第 i 个销售商的边际利润：

$$\begin{cases} \Phi_1 = \dfrac{\partial \Pi_1(t)}{\partial p_1(t)} = a + bc_1 - 2bp_1(t) + bk(p_2(t) + p_3(t)) \\[2mm] \Phi_2 = \dfrac{\partial \Pi_2(t)}{\partial p_2(t)} = a + bc_2 - 2bp_2(t) + bk(p_1(t) + p_3(t)) \\[2mm] \Phi_3 = \dfrac{\partial \Pi_3(t)}{\partial p_3(t)} = a + bc_3 - 2bp_3(t) + bk(p_1(t) + p_2(t)) \end{cases} \tag{4-4}$$

令 $\Phi_i = 0$，可以得出系统的最优解，也就是纳什均衡：

$$\begin{cases} p_1^*(t) = \dfrac{a}{2b} + \dfrac{c_1}{2} + \dfrac{k}{2}(p_2(t) + p_3(t)) \\[2mm] p_2^*(t) = \dfrac{a}{2b} + \dfrac{c_2}{2} + \dfrac{k}{2}(p_1(t) + p_3(t)) \\[2mm] p_3^*(t) = \dfrac{a}{2b} + \dfrac{c_3}{2} + \dfrac{k}{2}(p_1(t) + p_2(t)) \end{cases} \tag{4-5}$$

由于农产品市场中销售商不具有完全的市场信息，其决策往往按照部分市场作出反馈。销售商 1 具有最大的农产品市场占有率，可以基于有限理性预期进行决策，即在对上一期边际利润进行局部估计的基础上进行调整。如果销售商 1 在第 t 期的利润为正，则在第 $t+1$ 时期提高农产品价格，

反之则降低农产品价格。由此可得销售商 1 在第 $t+1$ 时期的产品价格：

$$p_1(t+1) = p_1(t) + \alpha p_1(t)(a + bc_1 - 2bp_1(t) + bk(p_2(t) + p_3(t))) \quad（4-6）$$

其中，$\alpha > 0$，表示销售商 1 价格调整的反应速度。

　　由于市场信息的不对称性及其他相关因素的影响，农产品销售商可能会采取不同的价格决策。这里假设销售商 2 处于市场竞争的初期，市场占有率不如销售商 1 大，对价格的调节不如销售商 1 的能力强，因此，销售商 2 采用适应性预期，即销售商 2 会根据前一时期的最优价格来决定自身当前时期的价格，其价格博弈模型为

$$p_2(t+1) = p_2(t) - \beta(p_2(t) - p_2^*(t)) \quad（4-7）$$

其中，$\beta > 0$，表示销售商 2 对价格博弈过程适应的调整速度。

　　销售商 3 在竞争初期的市场占有率最小，其对市场价格几乎没有调节能力，销售商 3 只有简单的理性，即根据系统的最优反应来决定自身的价格策略，其动态模型为

$$p_3(t+1) = \frac{a}{2b} + \frac{c_3}{2} + \frac{k}{2}(p_1(t) + p_2(t)) \quad（4-8）$$

　　根据式（4-6）～式（4-8）可以得到农产品市场中不同理性销售商的动态博弈模型：

$$\begin{cases} p_1(t+1) = p_1(t) + \alpha p_1(t)(a + bc_1 - 2bp_1(t) + bk(p_2(t) + p_3(t))) \\ p_2(t+1) = (1-\beta)p_2(t) + \beta\left(\dfrac{a}{2b} + \dfrac{c_2}{2} + \dfrac{k}{2}(p_1(t) + p_3(t))\right) \\ p_3(t+1) = \dfrac{a}{2b} + \dfrac{c_3}{2} + \dfrac{k}{2}(p_1(t) + p_2(t)) \end{cases} \quad（4-9）$$

4.3　系统不动点与稳定性分析

　　在式（4-9）中，令 $p_1(t+1) = p_1(t)$，$p_2(t+1) = p_2(t)$，$p_3(t+1) = p_3(t)$，得出系统的两个均衡点 E_0 和 E^*：

$$E_0 = \left(0, \frac{2(a+bc_2)+k(a+bc_3)}{b(4-k^2)}, \frac{2(a+bc_3)+k(a+bc_2)}{b(4-k^2)} \right) \quad (4\text{-}10)$$

$$E^* = (p_1^*, p_2^*, p_3^*) \quad (4\text{-}11)$$

其中

$$p_1^* = \frac{a(k+2)+bc_1(2-k)+bk(c_2+c_3)}{2b(2-k-k^2)} \quad (4\text{-}12)$$

$$p_2^* = \frac{a(k+2)+bc_2(2-k)+bk(c_1+c_3)}{2b(2-k-k^2)} \quad (4\text{-}13)$$

$$p_3^* = \frac{a(k+2)+bc_3(2-k)+bk(c_1+c_2)}{2b(2-k-k^2)} \quad (4\text{-}14)$$

均衡点 E_0 称为有界均衡点，均衡点 $E^* = (p_1^*, p_2^*, p_3^*)$ 称为纳什均衡点。为了研究系统均衡点的稳定性，需要依赖系统的雅可比矩阵。首先计算式（4-9）的雅可比矩阵：

$$J(P_1, P_2, P_3) = \begin{bmatrix} J_{11} & \alpha bkp_1 & \alpha bkp_1 \\ \dfrac{k\beta}{2} & 1-\beta & \dfrac{k\beta}{2} \\ \dfrac{k}{2} & \dfrac{k}{2} & 0 \end{bmatrix} \quad (4\text{-}15)$$

其中

$$J_{11} = 1 + \alpha(a+bc_1) - 4\alpha bp_1 + \alpha bk(p_2+p_3) \quad (4\text{-}16)$$

将 $E^* = (p_1^*, p_2^*, p_3^*)$ 代入雅可比矩阵，其特征方程具有如下形式：

$$f(\lambda) = \lambda^3 + A\lambda^2 + B\lambda + C \quad (4\text{-}17)$$

根据劳斯 – 赫尔维茨（Routh-Hurwiz）稳定性判据，系统不动点渐近稳定的充分必要条件是其特征多项式的所有零点都在单位圆内，因此应同时满足以下条件：

$$\begin{cases} f(1) = A+B+C+1 > 0 \\ -f(-1) = -A+B-C+1 > 0 \\ C^2-1 < 0 \\ (1-C^2)^2 - (B-AC)^2 > 0 \end{cases} \quad (4\text{-}18)$$

将价格调整参数 α 和 β 设定为可控参数，其他参数值分别设定为 $a=4$，$b=2$，$k=0.8$，$c_1=1.8$，$c_2=0.4$，$c_3=0.2$。由此可以得出，此时系统的纳什均衡点为 $E^*=(7.3571,6.8571,6.7857)$。系统的雅可比矩阵为

$$J=\begin{bmatrix} 1-29.43\alpha & 11.77\alpha & 11.77\alpha \\ 0.40\beta & 1-\beta & 0.40\beta \\ 0.40 & 0.40 & 0 \end{bmatrix} \qquad (4\text{-}19)$$

可以得到其特征方程参数分别为

$$A=29.43\alpha+\beta-2 \qquad (4\text{-}20)$$

$$B=24.72\alpha\beta-34.14\alpha-1.16\beta+1 \qquad (4\text{-}21)$$

$$C=4.709\alpha-13.18\alpha\beta+0.16\beta \qquad (4\text{-}22)$$

图 4-1 为系统在 (α,β) 空间的稳定区域，系统的纳什均衡点就稳定在图中的区域里。由图可以看出，销售商为了增加利润可能加快对自身价格的调整速度，其中任何一方的调整速度超出系统的稳定区域都可能使系统陷入不稳定的状态，整个市场将处于混乱竞争的局面。

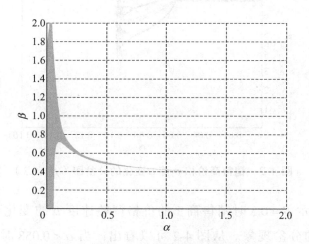

图 4-1 系统在 (α,β) 空间的稳定区域

4.4 关于价格调整速度 α 的博弈模型复杂性分析

4.4.1 价格调整速度 α 对系统稳定性的影响

本小节分析销售商 1 的价格调整速度 α 的变化对农产品市场稳定性的影响。首先对式（4-9）进行参数赋值，将价格调整速度 α 作为可控参数，假设其他参数为 $a=4$ ， $b=2$ ， $k=0.8$ ， $c_1=1.8$ ， $c_2=0.4$ ， $c_3=0.2$ ，初始值 $p_1=6.5$ ， $p_2=6.3$ ， $p_3=6.4$ ，得到系统的方程为

$$\begin{cases} p_1(t+1)=p_1(t)+\alpha p_1(t)(7.6-4p_1(t)+1.6(p_2(t)+p_3(t))) \\ p_2(t+1)=(1-\beta)p_2(t)+\beta(1.2+0.4(p_1(t)+p_3(t))) \\ p_3(t+1)=1.1+0.4(p_1(t)+p_2(t)) \end{cases} \quad （4\text{-}23）$$

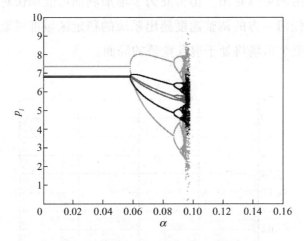

图 4-2 销售商价格 p_i 随 α 变化的分岔图（ $\beta=0.3$ ）

图 4-2 表示 $\beta=0.3$ 时销售商 1 的价格调整速度 α 的变化引起的 3 个销售商价格 p_i 的分岔现象。从图 4-2 可以看出，当 $\alpha<0.058$ 时，3 个销售商的价格稳定在纳什均衡点 $E^*=(p_1^*,p_2^*,p_3^*)=(7.3571,6.8571,6.7857)$ 处，当 $\alpha>0.058$ 时，纳什均衡点将不再稳定，进入 2 周期分岔状态。当 $\alpha>0.087$

时，系统进入 4 周期分岔状态。随着 α 的进一步增大，农产品销售商价格经历倍周期分岔，逐渐进入混沌状态。

图 4-3 为 $\beta = 0.3$ 时系统随 α 变化的最大李雅普诺夫指数谱。从图中可以看出，当 $\alpha < 0.058$ 时，系统李雅普诺夫指数为负，系统处于稳定状态，3 个销售商的价格决策处于稳定域内，始终保持纳什均衡。当 $\alpha > 0.058$ 时，系统李雅普诺夫指数为正，系统随着 α 值增大逐渐进入混沌状态，系统的纳什均衡点 E^* 不再稳定。整个农产品市场处于混乱竞争的局面。

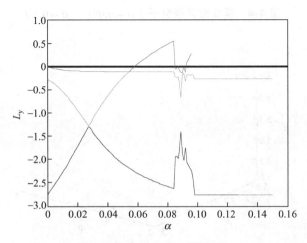

图 4-3　关于 α 的李雅普诺夫指数图（ $\beta = 0.3$ ）

4.4.2　系统的吸引子与分数维

混沌吸引子可以用来检验系统是否具有混沌运动的特征，是否处于混沌运动的状态。这里我们取 $\beta = 0.3$ ，图 4-4 ~ 图 4-8 是 α 分别取 0.091、0.092、0.093、0.094、0.095 时系统的混沌吸引子。这是农产品销售商博弈模型的混沌吸引子的演化过程。从图中可以看到，当 α 取值为 0.095 时，分形更加清晰，吸引子图像更加完整。从图 4-2 关于 α 的分岔也可以清晰观察到。

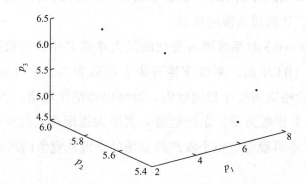

图 4-4　系统奇异吸引子（$\alpha = 0.091$，$\beta = 0.3$）

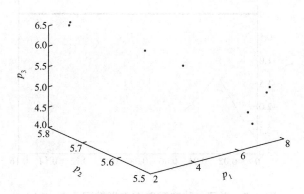

图 4-5　系统奇异吸引子（$\alpha = 0.092$，$\beta = 0.3$）

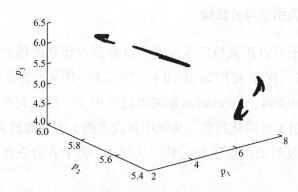

图 4-6　系统奇异吸引子（$\alpha = 0.093$，$\beta = 0.3$）

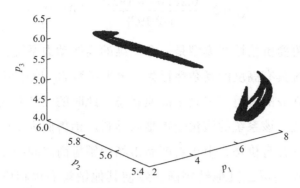

图 4-7　系统奇异吸引子（ $\alpha = 0.094$ ， $\beta = 0.3$ ）

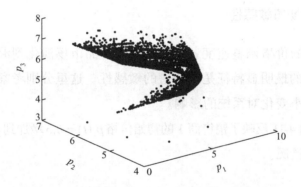

图 4-8　系统奇异吸引子（ $\alpha = 0.095$ ， $\beta = 0.3$ ）

吸引子的非整数维可以作为奇异性的一种非正式的描述，这种情况常发生于动力系统的混沌状态。混沌吸引子的显著特性是两条毗邻的轨道指数相分离，这表明混沌系统对初始条件的敏感依赖性。动力系统的李雅普诺夫指数是刻画无限接近的轨道分离率的数值量。一般参考李雅普诺夫指数里最大的一个。通常最大李雅普诺夫指数为正，可以作为式（4-14）处于混沌状态的表征。在上述参数取值情况下，系统的李雅普诺夫指数分别是 $\lambda_1 = 0.2210$ ， $\lambda_2 = -0.1927$ ， $\lambda_3 = -2.192$ 。其中，最大的李雅普诺夫指数 λ_1 为正，这表明三寡头农产品销售商价格博弈模型具有混沌特性。奇异吸引子的典型特性具有分数维，对于式（4-14），通过分析上面 3 个数值的大小，可以得出 $k = 2$ ，则 Kaplan-Yorke 维数为

$$D_{KY} = 2 + \frac{0.221\,0 - 0.192\,7}{|-2.192|} = 2.012\,9 \tag{4-24}$$

农产品销售商价格博弈模型是一个三维的离散动力系统，从混沌状态维数可以看出系统具有高度的复杂性行为。分形维数 D_{KY} 取值范围为 $(2,3)$，再次验证了系统在 α 的调整下将处于混沌状态。此时的经济系统是一个分数维结构的混沌系统，该系统的演化变得难以预料。销售商为了应对剧烈的市场波动而频繁调整自身价格，由于农产品市场中销售商之间的相互影响，单个销售商的行动会传导给其他销售商，致使其他销售商也相应调整其自身价格，最终所有销售商都陷入混乱的市场竞争中。

4.4.3　系统的初值敏感性

销售商 1 的价格调整速度 α 变化会使农产品市场演化到混沌状态，系统处于混沌状态的最明显特征是初始值的敏感性。这里分别考察销售商 1 的价格初始值的微小变化对系统的影响。

图 4-9～图 4-11 反映了销售商 1 的初始价格 $p_1(t) = 6.5$ 增加到 $p_1(t) = 6.500\,01$ 时系统的变化情况。

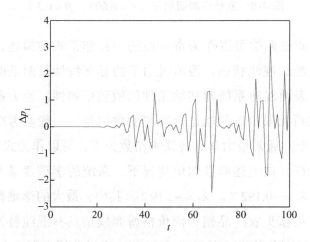

图 4-9　销售商 1 对自身价格初始值变化的敏感性（$\alpha = 0.095$，$\beta = 0.3$）

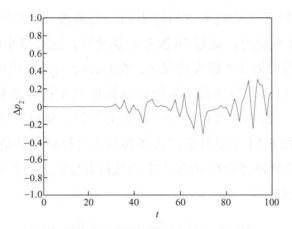

图 4-10　销售商 2 价格对销售商 1 价格初始值变化的敏感性（ $\alpha = 0.095$ ， $\beta = 0.3$ ）

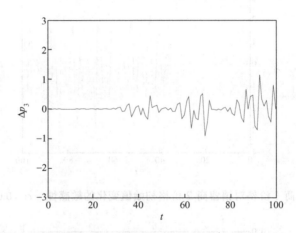

图 4-11　销售商 3 价格对销售商 1 价格初始值变化的敏感性（ $\alpha = 0.095$ ， $\beta = 0.3$ ）

从图 4-9 可以看出，当销售商 1 的价格初始值发生 0.000 01 的微小变化时，经过 20 次左右迭代后，这种微小的变化会变大，使得销售商 1 的价格发生很大的变化，在 [–2.5,3.2] 范围内波动。同时，从图 4-10 可以看出，当销售商 1 的价格初始值发生微小变化时，销售商 2 的价格将会在 30 次左右迭代后发生变化，使得价格变化在 [–0.3,0.4] 范围内波动。从图 4-11 可以看出，当销售商 1 的价格初始值发生微小变化后，销售商 3 的价格将会在 20 次左右迭代后发生变化，使得价格变化在 [–1.0,1.2] 范围内波动。

图 4-12 ～图 4-14 是销售商 2 的价格初始值 $p_2(t) = 6.3$ 增加到 $p_2(t) = 6.300\,01$

时系统的变化情况。从图 4-12 可以看出，当销售商 2 的价格初始值发生 0.000 01 的微小变化时，经过 30 次左右迭代后，这种微小的变化会变大，使得销售商 1 的价格发生很大的变化，在 [−3.8,2.4] 范围内波动。同时，从图 4-13 可以看出，当销售商 2 的价格初始值发生微小变化时，销售商 2 的价格将会在 30 次左右迭代后发生较大的变化，使得价格在 [−0.6,0.5] 范围内波动。从图 4-14 可以看出，当销售商 2 的价格初始值发生微小变化时，销售商 3 的价格将会在 30 次左右迭代后发生较大的变化，使得价格在 [−1.4,1.0] 范围内波动。

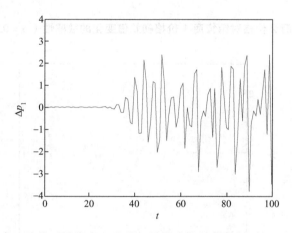

图 4-12　销售商 1 价格对销售商 2 价格初始值变化的敏感性（$\alpha = 0.095$，$\beta = 0.3$）

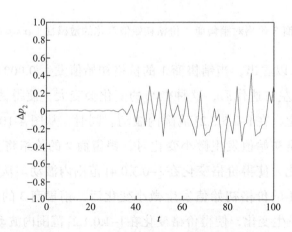

图 4-13　销售商 2 对自身价格初始值变化的敏感性（$\alpha = 0.095$，$\beta = 0.3$）

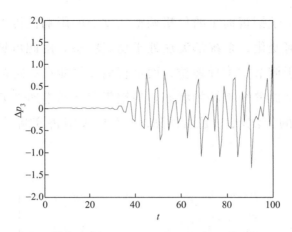

图 4-14　销售商 3 价格对销售商 2 价格初始值变化的敏感性（$\alpha = 0.095$，$\beta = 0.3$）

混沌运动区别于其他确定性运动最主要的标志是蝴蝶效应，对初始条件具有极强的敏感性，初始条件的微小改变都会导致相邻轨道的指数分离。图 4-9 ～图 4-14 充分说明了销售商 1 价格调整速度变化将导致农产品市场处于混沌竞争状态，此时不论是销售商 1 的价格还是销售商 2 价格的微小变化，都会对农产品销售商产生巨大的影响，未来的价格对当前价格的微小变化具有极强的敏感性。

4.5　关于价格调整速度 β 的博弈模型复杂性分析

4.5.1　价格调整速度 β 对系统稳定性的影响

为了进一步分析博弈系统的动力学行为，本小节借助数值仿真描绘其演化过程中的复杂特性，分析销售商 2 的价格调整速度 β 的变化对农产品市场稳定性的影响。首先，对式（4-9）进行参数赋值，将价格调整速度 β 作为可控参数，系统的方程与式（4-14）相同。

图 4-15 表示 $\alpha = 0.08$ 时销售商 2 的价格调整速度 β 的变化引起的 3 个销售商价格的分岔现象。从图 4-15 可以看出，在销售商 2 的价格调整速度 β 从 0 到 2 的变化过程中，农产品销售商的价格一直处于倍周期分岔和混

沌状态。这是由于销售商 1 的价格调整速度 α 的影响使得不论销售商 2 的调整速度 β 如何变化，系统都无法处于稳定状态。由此可见，销售商 1 在整个市场中处于调节的主导地位，而销售商 2 只能在一定范围内作出相应的调整，无法掌握整个市场的状态。当销售商 2 调整速度 $\beta > 1.626$ 时，整个农产品市场的混沌状态更加强烈，3 家寡头销售商将处于混乱竞争的局面。

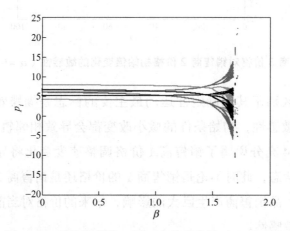

图 4-15　销售商价格 p_i 随 β 变化的分岔（ $\alpha = 0.08$ ）

图 4-16 为 $\alpha = 0.08$ 时系统随 β 变化的最大李雅普诺夫指数谱。从图中可以看出，当 $\beta < 1.626$ 时，系统李雅普诺夫指数 4 次为零，系统经历了 4 次倍周期分岔现象。当 $\beta > 1.626$ 时，系统李雅普诺夫指数为正，系统随着 β 值增大逐渐进入更加强烈的混沌状态。其变化过程与图 4-15 销售商价格随 β 变化的分岔图完全一致。

4.5.2　系统的吸引子与分数维

图 4-17 ～图 4-21 是 β 分别取 1.63、1.64、1.65、1.66、1.67 时系统的混沌吸引子。这是三维伯特兰德博弈模型的混沌吸引子的演化过程。从图中可以看到，当 β 取值为 1.67 时，系统分形结构更加清晰，吸引子图像更加完整。从图 4-15 关于 β 的分岔图也可以清晰观察到。

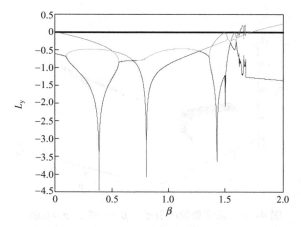

图 4-16　关于 β 的李雅普诺夫指数图（ $\alpha = 0.08$ ）

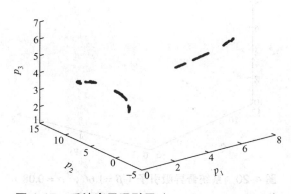

图 4-17　系统奇异吸引子（ $\beta = 1.63$ ， $\alpha = 0.08$ ）

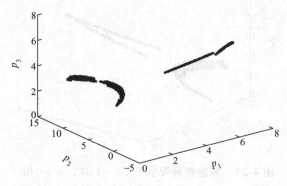

图 4-18　系统奇异吸引子（ $\beta = 1.64$ ， $\alpha = 0.08$ ）

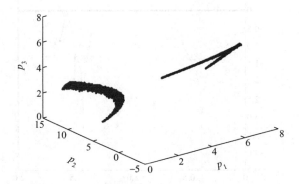

图 4-19   系统奇异吸引子（$\beta = 1.65$，$\alpha = 0.08$）

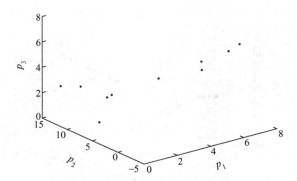

图 4-20   系统奇异吸引子（$\beta = 1.66$，$\alpha = 0.08$）

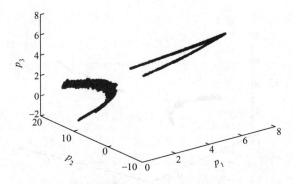

图 4-21   系统奇异吸引子（$\beta = 1.67$，$\alpha = 0.08$）

在销售商 1 的价格调整速度 α 固定的情况下，利用 Kaplan-Yorke 公式计算销售商 2 的价格调整速度 β 为不同取值时系统的分形维数。

表 4-1 是针对销售商在不同价格调整速度 β 的状态下系统的分形维数。从表中可以观察到，β 取值为 1.64、1.65、1.67 时分形维数 d_L 取值范围为 $(2,3)$，再次验证了系统在 β 的调整下将处于混沌状态。

表 4-1　销售商 2 价格调整速度 β 值的分形维数

β	λ_1	λ_2	λ_3	d_L
1.63	0.025 7	−0.127 7	−0.801 0	1.872 7
1.64	0.115 9	−0.111 4	−0.984 5	2.004 6
1.65	0.170 5	−0.091 5	−1.204 0	2.065 7
1.66	−0.134 9	−0.194 4	−0.654 7	1.497 0
1.67	0.198 8	−0.073 2	−0.950 1	2.132 2

经过计算，得到分形维数在 $\beta = 1.67$ 时的最大值 $d_L = 2.132\ 2$。系统的分形维数越大，混沌状态越复杂。由此可以得出，当 $d_L = 2.132\ 2$ 时，系统处于最强的混沌状态中。此时，农产品市场处于混乱竞争的局面。

通过以上分析可以得出，销售商 2 较小的价格调整速度能够使 3 家销售商都获得均衡利润，过快的价格调整速度使得农产品移动市场失去稳定性，从而使得主导销售商 1 的价格也受其影响，系统陷入混沌状态，这对整个农产品市场中销售商都是不利的。

4.5.3　系统的初值敏感性

销售商 2 的价格调整速度 β 变化会使市场演化到混沌状态。系统处于混沌状态的最明显特征是初始值的敏感性。这里我们考察销售商 2 价格初始值的微小变化对系统的影响。

图 4-22 ～ 图 4-25 反映了销售商 2 的初始价格 $p_2(t) = 6.3$ 增加到 $p_2(t) = 6.300\ 01$ 时系统的变化情况。

从图 4-22 可以看出，当销售商 2 的价格初始值发生 0.000 01 的微小变化时，经过 20 次左右迭代后，这种微小的变化会变大，使得销售商 1

的价格发生很大的变化，在 [–5.6,5.4] 范围内波动。同时，从图 4-23 可以看出，当销售商 2 的价格初始值发生微小变化时，销售商 2 的价格将会在 30 次左右迭代后发生变化，使得价格变化在 [–2.5,2.4] 范围内波动。从图 4-24 可以看出，当销售商 2 的价格初始值发生微小变化后，销售商 3 的价格将会在 20 次左右迭代后发生变化，使得价格变化在 [–3.1,3] 范围内波动。

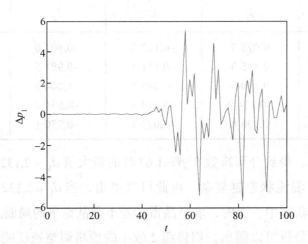

图 4-22　销售商 1 价格对销售商 2 价格初始值变化的敏感性（$\alpha = 0.08$，$\beta = 1.67$）

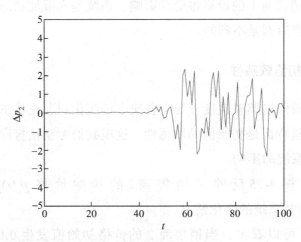

图 4-23　销售商 2 对自身价格初始值变化的敏感性（$\alpha = 0.08$，$\beta = 1.67$）

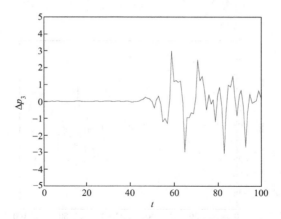

图 4-24　销售商 3 价格对销售商 2 价格初始值变化的敏感性（$\alpha = 0.08$，$\beta = 1.67$）

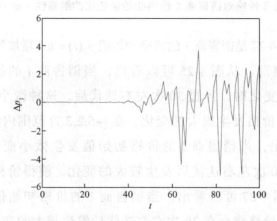

图 4-25　销售商 1 价格对自身价格初始值变化的敏感性（$\alpha = 0.08$，$\beta = 1.67$）

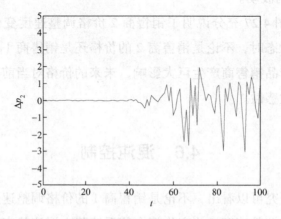

图 4-26　销售商 2 价格对销售商 1 价格初始值变化的敏感性（$\alpha = 0.08$，$\beta = 1.67$）

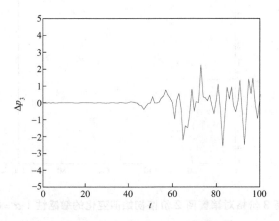

图 4-27　销售商 3 价格对销售商 1 价格初始值变化的敏感性（ $\alpha = 0.08$ ， $\beta = 1.67$ ）

图 4-25 ～图 4-27 是销售商 1 的价格初始值 $p_2(t) = 6.5$ 增加到 $p_2(t) = 6.500\ 01$ 时系统的变化情况。从图 4-25 可以看出，当销售商 1 的价格初始值发生 0.000 01 的微小变化时，经过 30 次左右迭代后，这种微小的变化会变大，使得销售商 1 的价格发生很大的变化，在 [–5.2,3.7] 范围内波动。同时，从图 4-26 可以看出，当销售商 1 的价格初始值发生微小变化时，销售商 3 的价格将会在 30 次左右迭代后发生较大的变化，使得价格在 [–3.1,2.0] 范围内波动。从图 4-27 可以看出，当销售商 1 的价格初始值发生微小变化时，销售商 2 的价格将会在 30 次左右迭代后发生较大的变化，使得价格在 [–2.6,2.3] 范围内波动。

图 4-22 ～图 4.27 充分说明了销售商 2 价格调整速度变化使农产品市场处于混沌竞争状态时，不论是销售商 2 的价格还是销售商 1 的价格的微小变化，都会对农产品销售商产生巨大影响，未来的价格对当前的价格的微小变化具有极强的敏感性。

4.6　混沌控制

从上面的研究可以看出，不论是销售商 1 的价格调整速度 α 的变化还是销售商 2 的价格调整速度 β 的变化都会使系统陷入混沌状态，这对农产品销售商们来说都是不希望发生的。因此，农产品销售商会采取相应的控制策略，在一定程度上延缓或者消除分岔和混沌现象。本章我们继续采用状态反馈和参数调整控制法对系统施加控制。假设原系统为

$$\begin{cases} p_1(t+1) = g_3(p_1(t), p_2(t), p_3(t)) \\ p_2(t+1) = g_2(p_1(t), p_2(t), p_3(t)) \\ p_3(t+1) = g_3(p_1(t), p_2(t), p_3(t)) \end{cases} \quad (4\text{-}16)$$

对式（4-16）施加控制后，受控系统为

$$\begin{cases} p_1(t+m) = (1-\mu)(g_1^{(m)}(p_1(t), p_2(t)), p_3(t))) + \mu p_1(t) \\ p_2(t+m) = (1-\mu)(g_2^{(m)}(p_1(t), p_2(t), p_3(t))) + \mu p_2(t) \\ p_3(t+m) = (1-\mu)(g_3^{(m)}(p_1(t), p_2(t), p_3(t))) + \mu p_3(t) \end{cases} \quad (4\text{-}17)$$

其中，取 $m=1$，即控制原系统式（4-9）稳定到纳什均衡点。控制参数 $\mu \in (0,1)$。当 $\mu = 0$ 时，受控系统式（4-17）退化为原系统式（4-16）。选择合适的控制参数 μ，可以实现混沌控制的目的。基于该方法对式（4-9）表示的系统的混沌行为实施控制策略。受控系统为

$$\begin{cases} p_1(t+1) = (1-\mu)\{p_1(t) + \alpha p_1(t)(a + bc_1 - 2bp_1(t) + bk(p_2(t) + p_3(t)))\} + \\ \qquad \mu p_1(t) \\ p_2(t+1) = (1-\mu)\left\{(1-\beta)p_2(t) + \beta\left(\dfrac{a}{2b} + \dfrac{c_2}{2} + \dfrac{k}{2}(p_1(t) + p_3(t))\right)\right\} + \mu p_2(t) \\ p_3(t+1) = (1-\mu)\left\{\dfrac{a}{2b} + \dfrac{c_3}{2} + \dfrac{k}{2}(p_1(t) + p_2(t))\right\} + \mu p_3(t) \end{cases} \quad (4\text{-}18)$$

当 $\mu = 0$ 时，α 取值与原系统稳定时取值相同，受控系统退化为原系统。首先，对系统随销售商 1 的价格调整速度 α 变化的混沌状态进行控制。从图 4-28 和图 4-29 可以看出，当系统受控因子 $\mu = 0.1$ 时，系统受控后的纳什均衡点的稳定域增大，系统调整速度变化范围由受控前 $\alpha = [0, 0.058]$ 增大到受控后 $\alpha = [0, 0.066]$，系统的混沌状态得到了有效的控制。

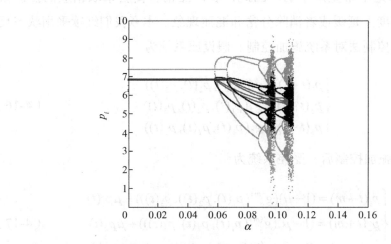

图 4-28　系统受控前后 3 家销售商价格随 α 变化的分岔图（$\beta=0.3$，$\mu=0.1$）

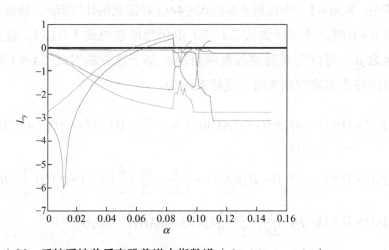

图 4-29　系统受控前后李雅普诺夫指数谱（$\beta=0.3$，$\mu=0.1$）

相应的，对系统随销售商 2 的价格调整速度 β 变化的混沌状态进行控制。从图 4-30 和图 4-31 可以看出，当系统受控因子 $\mu=0.1$ 时，系统受控后的纳什均衡点的稳定域也随之增大，系统调整速度变化范围由受控前 $\beta=[0,1.626]$ 增大到受控后 $\beta=[0,1.769]$，系统的混沌状态得到了有效的控制。

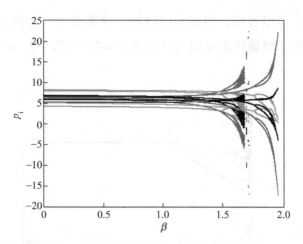

图 4-30　系统受控前后 3 家销售商价格随 β 变化的分岔图（$\alpha = 0.08$，$\mu = 0.1$）

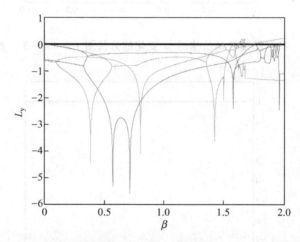

图 4-31　系统受控前后李雅普诺夫指数谱（$\alpha = 0.08$，$\mu = 0.1$）

当受控因子 μ 进一步增大，系统混沌状态逐渐得到控制直至完全消除，农产品市场将回归稳定竞争状态。图 4-32 和图 4-33 研究了当 $\alpha = 0.095$，$\beta = 0.3$ 时受控系统随 μ 变化的稳定性。图 4-32 为系统随受控因子 μ 变化的演化图，从图中可以看出，当 $\mu < 0.344$ 时，系统处于混沌状态，农产品市场价格竞争出现混乱。当 $\mu > 0.344$ 时，系统可稳定在纳什均衡点 $E^* = (p_1^*, p_2^*, p_3^*) = (7.357\,1, 6.857\,1, 6.785\,7)$ 处，农产品市场将一直处于稳定的状态中，农产品销售商们也将平稳经营。图 4-33 为相应的最大李雅普诺夫指数谱。从图中可以看出，当 $\mu > 0.344$ 时，李雅普诺夫指数小于零，系统重新回归稳定状态。根据仿真结果可以得出图 4-32 和图 4-33 是一致的。

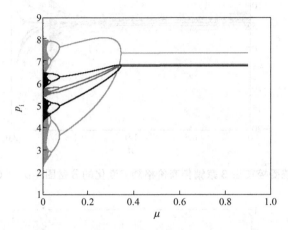

图 4-32　农产品销售商价格随 μ 变化的分岔图（ $\alpha = 0.095$ ， $\beta = 0.3$ ）

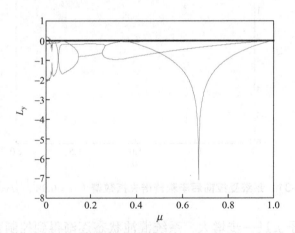

图 4-33　最大李雅普诺夫指数谱（ $\alpha = 0.095$ ， $\beta = 0.3$ ）

　　如图 4-34 所示，加入控制参数 $\mu = 0.1$ 后，农产品销售商博弈竞争进行 60 次左右，可以将受控系统稳定在 2 周期点 $(3.833, 7.703)$ 、 $(5.120, 6.332)$ 和 $(5.715, 5.881)$ 。如图 4-35 所示，加入控制参数 $\mu = 0.4$ 后，农产品销售商博弈 70 次左右，可以将系统稳定在纳什均衡点 $E^* = (p_1^*, p_2^*, p_3^*) = (7.357\,1, 6.857\,1, 6.785\,7)$ 。

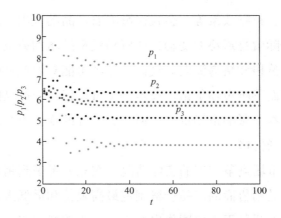

图 4-34　$\mu = 0.1$ 时系统稳定在二周期点

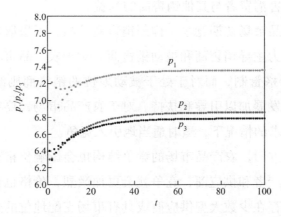

图 4-35　$\mu = 0.4$ 时系统稳定在 $E^* = (p_1^*, p_2^*, p_3^*) = (7.357\,1, 6.857\,1, 6.785\,7)$

由以上分析可知，加入控制参数 μ，农产品销售商价格的分岔情况与控制前相比被推迟或者消除，进而使农产品市场的混沌状态得到有效控制。随着 μ 的不断增大，农产品市场的混沌状态逐步得到控制并完全消除。这种方法有效地控制了系统的分岔行为，使得农产品市场竞争趋于有序，良性发展，所有销售商将会获得稳定的利润，消费者也都能从中受益。

4.7　农产品市场复杂性分析结论及发展方向

农产品市场价格竞争受政策环境、国际贸易形势、气候变化、技术进步、消费者偏好变化及市场竞争结构等多种市场因素的影响。政策环境的变化，如关税调整、补贴政策等，会直接影响农产品的进出口成本和国内市场的供应情况。国际贸易形势的变动，如贸易壁垒的增加或减少，也会影响农产品的国际市场价格和贸易流向。气候变化则可能对农产品的产量和质量造成直接影响，进而影响市场价格。技术进步可以提高农产品的生产效率和品质，降低生产成本，影响市场价格。消费者偏好的变化也会影响农产品的市场需求结构和市场价格。

根据农产品市场竞争初期的实际情况，在充分考虑到销售商运营成本的情况下，对农产品销售商的产品价格制定最高限价和最低限价，并对其在一定时期内价格的上浮与下调范围作出规定，防止垄断销售商利用垄断势力制定垄断价格，损害消费者与其他销售商的利益。

为促进农产品市场初期竞争，抑制销售商垄断，可采取非对称管制，将农产品销售商分为主导销售商和被动销售商。对于农产品市场中处于主导地位的销售商要严格管制，而对于处于被动地位的销售商则给予政策上的优惠，并对以后的发展加以引导和扶持。对于农产品市场，要在整个农产品销售商满足市场需求的情况下，适时适当地引入竞争。

在市场竞争方面，农产品市场的竞争结构也会影响价格竞争。如果市场上存在大量的生产者和供应商，竞争就会更加激烈，价格也会更加敏感。相反，如果市场上存在少数大型供应商或具有市场支配地位的企业，价格竞争可能相对缓和。此外，农产品的差异化程度也会影响价格竞争。如果不同农产品之间具有明显的差异性，如品质、口感、品牌等，那么价格竞争就会更加复杂，消费者也会更加关注产品的非价格因素。

此外，农产品市场价格竞争还受产业链上下游关系的影响。农产品的生产、加工、流通和销售等环节之间紧密相连，任何一个环节的变动都可能对市场价格产生影响。生产成本的变化、加工技术的改进、物流成本的降低和销售渠道的拓展等都可能降低农产品的最终销售价格，从而增强市场竞争力。

在应对农产品市场价格竞争时，生产者需要密切关注市场动态和供求变化，及时调整生产计划和销售策略。同时，加强技术创新和品牌建设也是提高农产品市场竞争力的关键。通过提高产品质量、降低成本、拓展销售渠道和加强品牌宣传等手段，生产者可以在激烈的市场竞争中脱颖而出，获得更好的经济效益。

4.8 本章小结

本章研究了农产品市场销售商的价格博弈及其复杂性情况。近年来，研究有限理性的三寡头竞争的文章比较多，基本上都是在古典古诺模型的基础上研究的。然而，在实际农产品市场竞争初期，销售商们的竞争主要体现在价格上。因此，本章基于伯特兰德模型建立了不同理性三寡头价格博弈模型，对三维离散动力系统的动态演化过程进行了理论上的分析，利用数值模拟的方法模拟了演化过程。

本章采用系统变量的状态反馈和参数调节控制策略，控制了三寡头垄断农产品市场中离散非线性动力系统的倍周期分岔和混沌吸引子中不稳定的周期轨道，并通过系统分岔图及李雅普诺夫指数验证了混沌控制过程。为了避免混沌市场的出现，必须进行成本控制，提升产品价值，加强差异化发展，这也是我国发展农产品市场的指导思路。本章研究结果可以为销售商的价格决策提供理论参考。

第5章 农产品供应链同级两企业 销售量－价格动态博弈研究

近年来，以区域物流配送为枢纽，以连锁超市公司为经营主体，联结农户与农民专业合作社的现代化农产品流通体系正逐步取代传统农产品市场体系。中共中央办公厅、国务院办公厅2019年印发的《关于促进小农户和现代农业发展有机衔接的意见》明确指出："推进农超对接、农批对接、农社对接，支持各地开展多种形式的农产品产销对接活动，拓展小农户营销渠道。""农超对接"是由农户组织成立的农村专业合作社通过与承担农产品销售终端功能的超市签订合作协议，实现农产品从产地直接供应超市的流通模式[94]。"农超对接"模式已逐渐成为我国农产品市场流通的主要方式。与传统的农产品流通模式相比，"农超对接"这种创新的流通模式联结农户与连锁超市的产销交易，降低农产品在流通过程中的交易成本，优化农产品供应链，提升社会收益。"农超对接"既是统筹推进城乡市场发展的具体实践，也是我国农产品流通方式的创新。

本章根据农产品销售商自身发展战略选择不同决策变量，研究提出了古诺－伯特兰德混合博弈模型，并将有限理性、非线性成本、溢出效应、延迟决策等因素引入博弈模型，研究讨论整个博弈过程的复杂动态性。这种博弈竞争要求企业销售的产品间有一定程度的差异性，以避免整个市场都被产品价格较低的企业所垄断。在此基础上，构建"农超对接"供应链同级合作社动态古诺－伯特兰德混合博弈模型，并分析该博弈模型的复杂动态行为，为企业战略决策提供理论参考。

5.1　模型构建

根据"农超对接"供应链同级合作社的竞争情况，假设有两家同级合作社。其中，合作社 1 是古诺寡头，以销售量作为决策变量。合作社 2 是伯特兰德寡头，以价格作为决策变量。各合作社的企业经营目标是通过调整自身的战略决策，在农产品供应链竞争中获得最大的企业收益。

$q_i(t)$（$i=1,2$）表示合作社的农产品销售量，$p_i(t)$（$i=1,2$）表示合作社销售给超市的农产品价格。由于受农产品地理位置、保存期限、服务水平等条件的限制，两家合作社的农产品存在较大差异。假设两个企业的逆需求函数为

$$p_1(t) = a_1 - b_1 q_1(t) - d q_2(t) \tag{5-1}$$

$$p_2(t) = a_2 - b_2 q_2(t) - d q_1(t) \tag{5-2}$$

其中，a_1、$a_2 > 0$，b_1、$b_2 > 0$，$d \in [0,1]$。参数 d 表示产品的差异化程度。当 $d=0$ 时，表示合作社之间是不可替代的并且每个合作社都是垄断的。当 $d=1$ 时，表示两个合作社之间没有差别并且可以相互替代。根据式（5-2）可以得到

$$q_2(t) = \frac{a_2}{b_2} - \frac{1}{b_2} p_2(t) - \frac{d}{b_2} q_1(t) \tag{5-3}$$

根据式（5-3）和式（5-1）可得

$$p_1(t) = a_1 - \frac{a_2 d}{b_2} - \left(b_1 - \frac{d^2}{b_2}\right) q_1(t) + \frac{d}{b_2} p_2(t) \tag{5-4}$$

式（5-4）为合作社 1 销售农产品的需求函数。定义非线性成本函数 $C = c_i q_i^2$（$i=1,2$），其中，$c_i \in (0, a_i)$ 为边际成本。

根据以上等式，可以得到两家合作社的利润为

$$\Pi_1 = p_1(t) q_1(t) - c_1 q_1^2(t)$$
$$= \left(a_1 - \frac{a_2 d}{b_2} - \left(b_1 - \frac{d^2}{b_2}\right) q_1(t) + \frac{d}{b_2} p_2(t)\right) q_1(t) - c_1 q_1^2(t) \tag{5-5}$$

$$\Pi_2 = p_2(t)q_2(t) - c_2q_2^2(t)$$

$$= p_2(t)\left(\frac{a_2}{b_2} - \frac{1}{b_2}p_2(t) - \frac{d}{b_2}q_1(t)\right) - c_2\left(\frac{a_2}{b_2} - \frac{1}{b_2}p_2(t) - \frac{d}{b_2}q_1(t)\right)^2 \quad （5-6）$$

求式（5-5）和式（5-6）分别关于 $q_1(t)$ 和 $p_2(t)$ 的偏导数，可得

$$\Phi_1 = \frac{\partial \Pi_1}{\partial q_1(t)} = a_1 - \frac{a_2d}{b_2} - 2\left(b_1 - \frac{d^2}{b_2} + c_1\right)q_1(t) + \frac{d}{b_2}p_2(t) \quad （5-7）$$

$$\Phi_2 = \frac{\partial \Pi_2}{\partial p_2(t)} = \frac{1}{b_2^2}(a_2(b_2 + 2c_2) - 2(b_2 + c_2)p_2(t) - (b_2 + 2c_2)dq_1(t)) \quad （5-8）$$

假设两家合作社都是有限理性预期的企业，则

$$q_1(t+1) = q_1(t) + \alpha q_1(t)\Phi_1(t) \quad （5-9）$$

$$p_2(t+1) = p_2(t) + \beta p_2(t)\Phi_2(t) \quad （5-10）$$

将式（5-6）和式（5-8）代入式（5-9）和式（5-10），得到同级合作社动态古诺－伯特兰德混合博弈模型：

$$\begin{cases} q_1(t+1) = q_1(t) + \alpha q_1(t) \\ \qquad \left[a_1 - \frac{a_2d}{b_2} - 2\left(b_1 - \frac{d^2}{b_2} + c_1\right)q_1(t) + \frac{d}{b_2}p_2(t)\right] \\ p_2(t+1) = p_2(t) + \beta p_2(t) \\ \qquad \left[\frac{1}{b_2^2}(a_2(b_2 + 2c_2) - 2(b_2 + c_2)p_2(t) - (b_2 + 2c_2)dq_1(t))\right] \end{cases} \quad （5-11）$$

其中，参数 α 为合作社 1 农产品销售量调整速度，参数 β 为合作社 2 的农产品价格调整速度，且 $0 < \alpha < 1$，$0 < \beta < 1$，$c_1 \in (0, a_1)$，$c_2 \in (0, a_2)$。

在"农超对接"供应链系统博弈中，同级合作社企业将根据前期博弈的边际利润来调整当期的企业竞争策略。如果合作社当期边际利润为正，则合作社将在下期适当增加农产品销售量或者提高农产品销售价格。相反，如果合作社的边际利润为负，则合作社将在下期根据实际市场情况调整竞争企业经营策略，否则企业利润将继续下降。在"农超对接"市场竞争中，由于市场信息的不对称和不完全性，同级合作社之间的企业竞争是一个有限理性的

动态调整过程。因此，本章基于非线性动力学理论，重点研究"农超对接"供应链混合博弈和系统复杂性。

5.2　稳定性分析

在式（5-11）中，令 $q_1(t+1)=q_1(t)$，$p_1(t+1)=p_1(t)$，此时系统的稳定点为

$$E_1=(0,0) \tag{5-12}$$

$$E_2=\left(0,\frac{a_1b_2-a_2d}{2b_1b_2+2c_1b_2-2d^2}\right) \tag{5-13}$$

$$E_3=\left(\frac{a_2(b_2+2c_2)}{2(b_2+c_2)},0\right) \tag{5-14}$$

$$E^*=(q_1^*,p_2^*) \tag{5-15}$$

其中

$$q_1^*=\frac{2a_2b_1b_2^2-a_2b_2d^2-2a_1b_2c_2d-a_1b_2^2d+2a_2b_2^2c_1-2a_2c_2d^2+4a_2b_1b_2c_2+4a_2b_2c_1c_2}{-3b_2d^2-2c_2d^2+4b_1b_2^2+4b_2^2c_1+4b_1b_2c_2+4b_2c_1c_2} \tag{5-16}$$

$$p_2^*=\frac{b_2(-a_2d+2a_1c_2+2a_1b_2)}{-3b_2d^2-2c_2d^2+4b_1b_2^2+4c_1b_2^2+4b_1b_2c_2+4b_2c_1c_2} \tag{5-17}$$

E_1'、E_2'、E_3' 是边界均衡点，E^* 是纳什均衡点。为了研究系统均衡点的局部稳定性，首先求式（5-11）的雅可比矩阵：

$$J=\begin{bmatrix} J_{11} & J_{12} \\ J_{21} & J_{22} \end{bmatrix} \tag{5-18}$$

其中

$$J_{11}=1+\alpha\left(a_1-\frac{a_2d}{b_2}-(2b_1-2\frac{d^2}{b_2}+2c_1)q_1+\frac{dp_2}{b_2}\right)+ \\ \alpha q_1\left(-2b_1+2\frac{d^2}{b_2}-2c_1\right) \tag{5-19}$$

$$J_{12} = \frac{\alpha dq}{b_2} \tag{5-20}$$

$$J_{21} = \frac{\beta p_2(-b_2 d - 2c_2 d)}{b_2{}^2} \tag{5-21}$$

$$J_{22} = 1 + \frac{\beta(a_2 b_2 + 2a_2 c_2 - (b_2 d + 2c_2 d)q_1 - (2b_2 + 2c_2)p_2) - 2\beta p_2(b_2 + c_2)}{b_2{}^2} \tag{5-22}$$

研究系统均衡点的稳定性比较复杂。可采用数值分析方法来研究均衡点的稳定性。取参数 $a_1 = 9$，$a_2 = 7$，$b_1 = 2$，$b_2 = 2.1$，$c_1 = 1$，$c_2 = 1.6$，$d = 0.9$，可得

$$E_1' = (0,0) \tag{5-23}$$

$$E_2' = (1.147\,5,0) \tag{5-24}$$

$$E_3' = (0,5.013\,5) \tag{5-25}$$

$$E^* = (1.480\,3,4.059\,3) \tag{5-26}$$

在点 (q_1, p_2)，雅可比矩阵为

$$\boldsymbol{J}' = \begin{bmatrix} J_{11}' & J_{12}' \\ J_{21}' & J_{22}' \end{bmatrix} \tag{5-27}$$

其中

$$J_{11}' = 1 + \alpha(6 - 10.458q_1(t) + 0.429p_2(t)) \tag{5-28}$$

$$J_{12}' = 0.429\alpha q_1(t) \tag{5-29}$$

$$J_{21}' = -1.082\beta p_2(t) \tag{5-30}$$

$$J_{22}' = 1 + 0.227\beta(37.1 - 4.77q_1(t)) - 3.357\beta p_2(t) \tag{5-31}$$

有界平衡点 E_1'、E_2'、E_3' 和纳什平衡点的局部稳定性讨论如下。

命题 5-1：有界平衡点 E_1'、E_2'、E_3' 是不稳定均衡点。系统在点 E_1' 的雅可比矩阵为

$$J_1' = \begin{bmatrix} 1+6\alpha & 0 \\ 0 & 1+8.413\beta \end{bmatrix} \tag{5-32}$$

求得 $J(E_1')$ 矩阵的特征值为

$$\lambda_1 = 1+6\alpha \tag{5-33}$$

$$\lambda_2 = 1+8.413\beta \tag{5-34}$$

根据 $0<\alpha<1$，$0<\beta<1$，可以得到 $|\lambda_1|>1$ 和 $|\lambda_2|>1$。因此，有界均衡点 E_1' 为式（5-11）的不稳定均衡点。同样，也可以得到有界均衡点 E_2' 和 E_3' 为式（5-11）的不稳定均衡点。

命题 5-2：如果满足以下条件，纳什平衡点 E^* 是局部稳定的。

$$\begin{cases} 4-1.892\beta-71.62\alpha+36.66\alpha\beta>0 \\ 36.66\alpha\beta-0.946\beta-35.81\alpha<0 \end{cases} \tag{5-35}$$

系统在 E^* 的雅可比矩阵为

$$J(E^*) = \begin{bmatrix} J_{11}^* & J_{12}^* \\ J_{21}^* & J_{22}^* \end{bmatrix} \tag{5-36}$$

可得到特征方程为

$$F(\lambda) = \lambda^2 - \mathrm{Tr}\lambda + \mathrm{Det} = 0 \tag{5-37}$$

其中，Tr 为矩阵 $J(E^*)$ 的迹，Det 为矩阵的行列式

$$\mathrm{Tr} = 2-35.81\alpha-0.946\beta \tag{5-38}$$

$$\mathrm{Det} = 1-0.946\beta-35.81\alpha+36.66\alpha\beta \tag{5-39}$$

可得

$$\mathrm{Tr}^2 - 4\mathrm{Det} > 0 \tag{5-40}$$

因此，可以推断出 $J(E^*)$ 在纳什均衡点 E^* 具有实数特征值。根据 Jury 条件，可得纳什均衡局部稳定的充分必要条件为

$$\begin{cases} 1-\mathrm{Tr}+\mathrm{Det}>0 \\ 1+\mathrm{Tr}+\mathrm{Det}>0 \\ \mathrm{Det}-1<0 \end{cases} \tag{5-41}$$

当合作社 1 的农产品销售量调整速度和合作社 2 的价格调整速度保持在稳定区域时，整个农产品市场处于稳定的博弈竞争状态，合作社将根据企业自身的理性决策，争取更大的市场份额，获得更多的企业收益。

当两家合作社农产品销售量和价格的调整速度保持在稳定区域时，系统的纳什均衡点保持在 $E^* = (q_1^*, p_2^*) = (1.480\,3, 4.059\,3)$。在纳什均衡点 E^*，企业博弈竞争达到暂时均衡状态，合作社 1 的产品销售量和合作社 2 的产品价格保持在一个稳定的水平，但这并不意味着合作社的博弈过程逐渐趋于稳定状态。两家合作社的企业发展决策能力、获取市场动态信息的程度、竞争对手的决策信息、博弈竞争中任何一方的销售量和价格的调整等都会使企业博弈过程变得更加复杂。所以，纳什均衡仅仅是局部稳定的。当参数调整超出稳定区域，即合作社 1 的产品销售量调整速度或合作社 2 的产品价格调整速度超出系统稳定区域时，系统的纳什均衡点将失去稳定性，导致销售量或价格波动，市场异常动荡，甚至出现混乱状态，竞争趋于无序。在这种情况下，为了保持市场的稳定，实现市场的良性循环，市场调整和监督是必需的。下面将重点研究参数变化对系统稳定性的影响。

5.3 动力学分析与数值模拟

5.3.1 系统动态性分析

为了进一步分析"农超对接"同级合作社博弈模型的复杂动态行为，本章重点研究销售量调整速度 α 对系统稳定性的影响，并用数值模拟方法描述博弈演化过程中的复杂动力学特征。

这里考虑参数赋值 $a_1 = 9$，$a_2 = 7$，$b_1 = 2$，$b_2 = 2.1$，$c_1 = 1$，$c_2 = 1.6$，$d = 0.9$，得到式（5-42）：

$$\begin{cases} q_1(t+1) = q_1(t) + \alpha q_1(t)\big[6 - 5.229q_1(t) + 0.429p_2(t)\big] \\ p_2(t+1) = p_2(t) + \beta p_2(t)\big[8.413 - 1.082q_1(t) - 1.678p_2(t)\big] \end{cases} \qquad (5\text{-}42)$$

图 5-1 是合作社 1 农产品销售量与合作社 2 农产品销售价格随合作社 1 销售量调整速度变化的分岔图，此时合作社 2 价格调整速度设定为 $\beta = 0.23$。

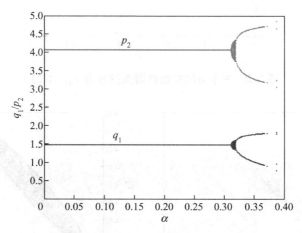

图 5-1　关于 α 的分岔图（$\beta = 0.23$）

从图 5-1 可以发现，当 $\beta = 0.23$，参数 $\alpha < 0.310$ 时，合作社 1 农产品销售量与合作社 2 农产品销售价格稳定在纳什均衡点 $E^* = (q_1^*, p_2^*) = (1.480\,3, 4.059\,3)$。当参数 $\alpha > 0.310$ 时，纳什均衡点 E^* 将失去稳定性，系统进入混沌状态。

图 5-2 为系统随 α 变化的最大李雅普诺夫指数谱，此时取 $\beta = 0.23$。当 $\alpha < 0.310$ 时，系统李雅普诺夫指数为负，系统处于稳定状态。合作社 1 农产品销售量与合作社 2 农产品销售价格稳定在纳什均衡点稳定区域。当 $\alpha > 0.310$ 时，系统李雅普诺夫指数为正，纳什均衡点不再稳定，系统逐渐进入混沌状态。这与图 5-1 分岔图中系统随参数 α 的变化情况相符合。

图 5-3 表示参数分别为 $\alpha = 0.310$、0.312、0.314、0.316、0.318 时式（5-42）的混沌吸引子。由图可以清楚看到古诺 – 伯特兰德混合博弈模型的混沌吸引子演化过程：当参数 $\alpha = 0.312$ 时，系统分形更清晰，吸引子图像也更加完整。

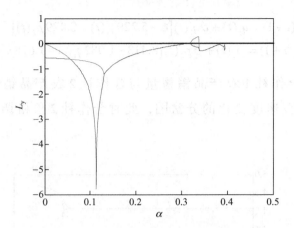

图 5-2　关于 α 的李雅普诺夫指数谱（ $\beta = 0.23$ ）

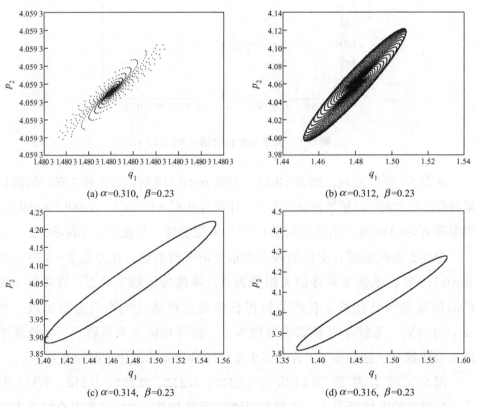

(a) $\alpha=0.310$, $\beta=0.23$

(b) $\alpha=0.312$, $\beta=0.23$

(c) $\alpha=0.314$, $\beta=0.23$

(d) $\alpha=0.316$, $\beta=0.23$

图 5-3　混沌吸引子

对初始条件的敏感依赖性是系统混沌行为的特征之一。为了证明式（5-42）

对初始条件的敏感性，计算合作社 1 农产品销售量 q_1 和合作社 2 农产品销售价格 p_2 在不同初始值 $(q_{1_0}, p_{2_0}) = (0.2, 3.0)$ 和 $(q_{1_0} + 0.00001, p_{2_0}) = (0.20001, 3.0)$ 时的演化轨迹图。图 5-4 是参数 $\alpha = 0.312$，$\beta = 0.23$ 时系统随时间 t 变化的演化轨迹。从图中可以看到，当 p_2 和 q_1 的初始值不同时，经过大约 45 次迭代后，它们之间发生显著差异。由此可见，初始值之间很小的差异会对博弈结果产生很大的影响，因此式（5-42）呈现出典型的混沌行为特征。

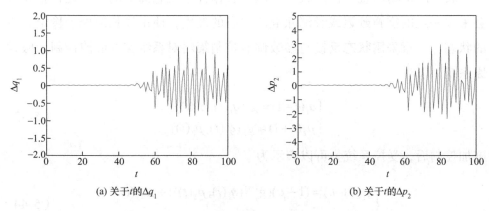

(a) 关于 t 的 Δq_1　　　　　　(b) 关于 t 的 Δp_2

图 5-4　系统初值敏感性（ $\alpha = 0.312$，$\beta = 0.23$ ）

蝴蝶效应是区分混沌运动与其他确定性运动最重要的标志，混沌运动对初始条件具有很强的敏感性，初始条件的微小变化会导致相邻轨迹呈指数级分离。

通过数值分析和仿真表明，具有不同理性的同级合作社博弈是一个动态竞争的过程。其中，有限理性企业在博弈过程中处于主导地位，通过改变调整速度来控制整个博弈竞争过程，而处于被动地位的简单理性企业只能够在有限理性企业动态调整的基础上进行小范围调整。

当调整速度 $\alpha < 0.310$，$\beta = 0.23$ 时，两家同级合作社在动态博弈过程中逐渐趋于纳什均衡，"农超对接"同级供应链企业处于一个相对稳定的市场竞争环境中。根据农产品市场竞争的特点，此时农产品销售量处于上升状态，这使得同级合作社再次进行新一轮的动态重复博弈，直到系统达到纳什均衡。然而，当参数 $\alpha > 0.310$ 时，由于调整速度过高，系统的纳什均衡点将进入不稳定区域，农产品市场将出现不稳定情况，逐步进入混乱状态。随着市场进入无序竞争状态，合作社将无法获得稳定的企业收益，市场将不可预测。在这些混乱的条件下，由于企业的决策水平和运营成本不同，初期的微小变化将会对最终的结果产生很大的影响，整个市场将更加不可预测。

5.3.2 混沌控制

农产品市场出现的混沌状态是同级合作社不愿意面对的，因此，企业都会采取一定的措施延迟或者消除混沌状态的发生，使市场长期处于稳定竞争的状态。本章采用状态反馈与参数调节控制策略对系统实施混沌控制。假设原系统为

$$\begin{cases} q_1(t+1) = g_1(q_1(t), p_2(t)) \\ p_2(t+1) = g_2(q_1(t), p_2(t)) \end{cases} \tag{5-43}$$

施加控制后，受控系统为可以表示为

$$\begin{cases} q_1(t+m) = (1-\mu)(g_1^{(m)}(q_1(t), p_2(t))) + \mu q_1(t) \\ p_2(t+m) = (1-\mu)(g_2^{(m)}(q_1(t), p_2(t))) + \mu p_2(t) \end{cases} \tag{5-44}$$

其中，m 表示受控周期轨道，当 $m=1$ 时，系统受控在纳什均衡点，当 $m=2,4,8,\cdots$ 时，系统受控在 $2,4,8,\cdots$ 周期轨道，并且 m 迭代会增加一个控制。控制参数 $\mu \in (0,1)$ 的作用是推迟系统分岔的发生。当 $\mu = 0$ 时，受控系统退化为原系统。选择合适的控制参数可以达到混沌控制的目的。基于该方法可实现式（5-11）的混沌控制。这里选择 $m=1$，受控系统可以表示为以下形式：

$$\begin{cases} q_1(t+1) = (1-\mu) \\ \qquad \left\{ q_1(t) + \alpha q_1(t) \left[a_1 - \dfrac{a_2 d}{b_2} - 2\left(b_1 - \dfrac{d^2}{b_2} + c_1 \right) q_1(t) + \dfrac{d}{b_2} p_2(t) \right] \right\} + \\ \qquad \mu q_1(t) \\ p_2(t+1) = (1-\mu) \\ \qquad \left\{ p_2(t) + \beta p_2(t) \left[\dfrac{1}{b_2^2}(a_2(b_2 + 2c_2) - 2(b_2 + c_2)p_2(t) - (b_2 + 2c_2)dq_1(t)) \right] \right\} + \\ \qquad \mu p_2(t) \end{cases} \tag{5-45}$$

根据纳什均衡点 E^* 局部稳定的充分必要条件，可以得到以下形式：

$$\begin{cases} 4 - 1.892\beta - 71.62\alpha + 36.66\alpha\beta > 0 \\ 36.66\alpha\beta - 0.946\beta - 35.81\alpha < 0 \end{cases} \tag{5-46}$$

此时，在其他参数保持不变的前提下，式（5-42）处于稳定状态。当 $\mu = 0$ 时，参数 α 的值与原系统稳定时的取值范围相同，受控系统退化为原系统。

下面分析系统受控前后随参数 α 增大的系统状态变化情况。从图 5-5 和图 5-6 可以看出，当系统被控制参数 $\mu = 0.15$ 控制后，纳什均衡点的稳定区域增大，系统稳定时参数 α 范围由受控前的 $\alpha = [0, 0.310]$ 增大到受控后的 $\alpha = [0, 0.339]$，这使系统的混沌状态得到有效控制。

随着受控参数的进一步增大，系统的混沌状态将逐渐被控制，直至完全消除，系统将恢复到稳定状态。图 5-7 和图 5-8 分析了当参数 $\alpha = 0.28$ 和 $\beta = 0.34$ 时受控系统的稳定性。图 5-7 是系统随受控参数 μ 变化的系统分岔图。从图中可以看出，当参数 $\mu < 0.151$ 时，系统处于混沌状态。当参数 $\mu > 0.151$ 时，系统重新回到稳定状态，此时系统的纳什均衡点为 $E^* = (q_1^*, p_2^*) = (1.480\,3, 4.059\,3)$。图 5-8 为系统的最大李雅普诺夫指数图。从图中可以看出，当 $\mu > 0.151$ 时，系统李雅普诺夫指数小于零，系统回到稳定状态。显然，图 5-7 和图 5-8 的分析结果是一致的。

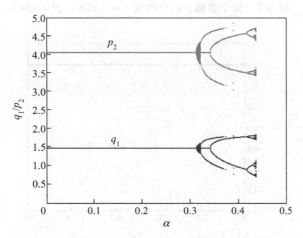

图 5-5　系统受控前后关于参数 α 的分岔图（$\beta = 0.23$，$\mu = 0.15$）

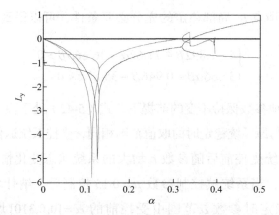

图 5-6　系统受控前后关于参数 α 的李雅普诺夫指数图（$\beta = 0.23$，　$\mu = 0.15$）

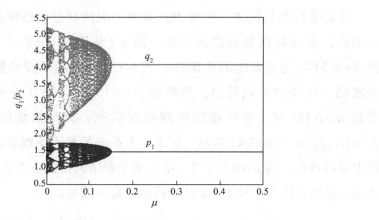

图 5-7　关于参数 μ 的分岔图（$\alpha = 0.28$，　$\beta = 0.34$）

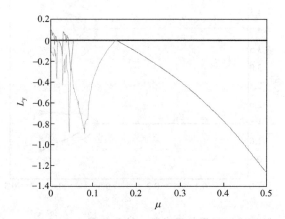

图 5-8　关于参数 μ 的李雅普诺夫指数图（$\alpha = 0.28$，　$\beta = 0.34$）

从图 5-9 可以看出，当控制参数 $\mu = 0.1$ 时，系统博弈 10 次左右后，受控系统稳定在两个周期点 $(1.18, 1.70)$ 和 $(3.07, 4.73)$。从图 5-10 中可以看出，当控制参数增大到 $\mu = 0.25$ 时，系统博弈 20 次左右后稳定在纳什均衡点 $E^* = (q_1^*, p_2^*) = (1.480\,3, 4.059\,3)$。

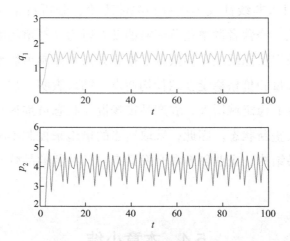

图 5-9　系统稳定在两个周期点（$\mu = 0.1$）

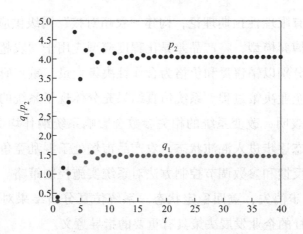

图 5-10　系统稳定在纳什均衡点（$E^* = (q_1^*, p_2^*)$，$\mu = 0.25$）

由以上分析可知，当控制参数 μ 增大时，受控系统的分岔情况将相对原系统延迟或完全消除，从而实现了延迟或消除市场混沌状态的目的。合作社企业通过状态反馈和参数调节控制方法来控制市场的混沌状态。随着调整控制参数 μ 的增大，市场混乱状态将逐渐得到控制并彻底消除，市场重回稳定状态，这对市场中的所有企业都是有利的。在此基础上，同级合作社将不断调整农产品市场策略，实现企业收益最大化。

本章从博弈论的角度研究"农超对接"同级合作社竞争，建立古诺－伯特兰德混合博弈模型，模型中合作社 1 为古诺寡头，以销售量为决策变量。在博弈模型中引入非线性成本函数和混沌理论，分析古诺－伯特兰德混合模型内在复杂性、经营者调整竞争策略的动态行为及对市场混沌状态的有效控制。最后，采用状态反馈和参数调节控制方法来控制市场混沌状态，使两家合作社的销售量和价格稳定在纳什均衡点。结果表明，加入延迟反馈控制后，纳什均衡点的稳定域增大，农产品市场混沌状态被推迟直至消除，市场进入稳定的寡头垄断状态。因此，采取适当的措施来控制不利竞争，如控制成本、优化产品结构、企业创新和开发具有自己特色的品牌产品等，以增强企业竞争优势。

5.4　本章小结

本章基于有限理性预期理论，构建"农超对接"同级供应链动态古诺－伯特兰德混合博弈模型，将产品差异化程度模型应用于"农超对接"农产品供应链市场，分别以销售量和价格为合作社决策变量，重点研究同级合作社的动态博弈及企业决策过程。系统仿真结果充分体现了系统的复杂动力学行为。仿真结果表明，改变系统的相关参数会影响系统纳什均衡点的稳定性，系统从稳定状态逐步进入混沌状态，农产品市场处于混乱竞争的局面。鉴于此，采用状态反馈和参数调节控制方法对系统实施控制策略。实施后，系统的混沌状态逐步消失，重回稳定状态。系统仿真分析结果对我国"农超对接"同级合作社的企业发展决策具有重要的指导意义。

第6章 农产品供应链同级多企业销售量 - 价格动态博弈研究

本章构建"农超对接"供应链同级三家合作社博弈模型，其中一家合作社在农产品市场的销售中占有绝对优势地位，而另外两家则根据自身的情况采取以价格为决策变量的市场竞争，力求以降低价格来获得更大的市场利润。因此，本章不仅从博弈角度对农产品市场的竞争进行研究，而且建立了一个更加一般化的古诺 - 伯特兰德混合模型，把合作社差异性和混沌理论引入模型分析，着重研究农产品市场不同理性合作社古诺 - 伯特兰德混合模型的内在复杂性。

6.1 模型的构建与求解

在农产品市场中有三家合作社，合作社 1 由于在销售量占有率方面占有绝对优势地位，是典型的古诺型寡头，以销售量作为决策变量。合作社 2 和合作社 3 则需要以降低价格获得更大的用户市场，是伯特兰德型寡头，以价格作为决策变量。每家合作社的目标是获取竞争中的最大利益。

$q_i(i=1,2,3)$ 表示农产品合作社的销售量，$p_i(i=1,2,3)$ 表示农产品合作社在该时期的价格。产品质量、服务水平、地理位置等条件的不同使得 3 家合作社的农产品之间具有差异性。假设 d_1 表示合作社 1 和合作社 2 之间的差异性水平，d_2 表示合作社 1 和合作社 3 之间的差异性水平，d_3 表示合作社 2 和合作社 3 之间的差异性水平，$d_i \in (0,1)$，$i=1,2,3$。

假设 3 家合作社的逆需求函数如下：

$$\begin{cases} p_1(t) = 1 - q_1(t) - d_1 q_2(t) - d_2 q_3(t) \\ p_2(t) = 1 - q_2(t) - d_1 q_1(t) - d_3 q_3(t) \\ p_3(t) = 1 - q_3(t) - d_2 q_1(t) - d_3 q_2(t) \end{cases} \quad （6\text{-}1）$$

假设 3 家农产品合作社的边际成本是不变的，并且具有相同的成本，其成本函数为

$$C_i(q_i(t)) = c q_i(t) \quad c > 0, i = 1,2,3 \quad （6\text{-}2）$$

将逆需求函数式（6-1）改写为关于决策变量 $q_1(t)$、$p_2(t)$ 和 $p_3(t)$ 的形式：

$$p_1(t) = 1 - d_2 - q_1(t) + d_2 p_3(t) + d_2^2 q_1(t) - \frac{L(d_1 - d_2 d_3)}{1 - d_3^2} \quad （6\text{-}3）$$

$$q_2(t) = \frac{1 - d_3 - p_2(t) + d_3 p_3(t) - d_1 q_1(t) + d_2 d_3 q_1(t)}{1 - d_3^2} \quad （6\text{-}4）$$

$$q_3(t) = \frac{1 - d_3 - p_3(t) + d_3 p_2(t) - d_2 q_1(t) + d_1 d_3 q_1(t)}{1 - d_3^2} \quad （6\text{-}5）$$

其中

$$L = 1 - d_3 - p_2(t) + d_3 p_3(t) - d_1 q_1(t) + d_2 d_3 q_1(t) \quad （6\text{-}6）$$

则合作社的利润函数分别为

$$\varPi_1(t) = q_1(t) \left(1 - c - d_2 + d_2 p_3(t) - q_1(t) + d_2^2 q_1(t) - \frac{L(d_1 - d_2 d_3)}{1 - d_3^2} \right) \quad （6\text{-}7）$$

$$\varPi_2(t) = \frac{(-c + p_2(t))(1 - d_3 - p_2(t) + d_3 p_3(t) - d_1 q_1(t) + d_2 d_3 q_1(t))}{1 - d_3^2} \quad （6\text{-}8）$$

$$\varPi_3(t) = \frac{(-c + p_3(t))(1 - d_3 - p_3(t) + d_3 p_2(t) - d_2 q_1(t) + d_1 d_3 q_1(t))}{1 - d_3^2} \quad （6\text{-}9）$$

可以得到 3 家合作社的边际利润为

$$\varPhi_1 = \frac{\partial \varPi_1(t)}{\partial q_1(t)} = \frac{N + d_1(1 - p_2(t) + d_3(-1 + p_3(t) + 4 d_2 q_1(t)))}{d_3^2 - 1} \quad （6\text{-}10）$$

$$\Phi_2 = \frac{\partial \Pi_2(t)}{\partial p_2(t)} = \frac{(1+c-2p_2(t)-d_1q_1(t)+d_3(-1+p_3(t)+d_2q_1(t)))}{1-d_3^2} \quad （6\text{-}11）$$

$$\Phi_3 = \frac{\partial \Pi_3(t)}{\partial p_3(t)} = \frac{(1+c-2p_3(t)-d_2q_1(t)+d_3(-1+p_2(t)+d_1q_1(t)))}{1-d_3^2} \quad （6\text{-}12）$$

其中

$$N = -1+c+d_2-d_2d_3+d_3^2-cd_3^2+d_2d_3p_2(t)- \\ d_2p_3(t)+2q_1(t)-2d_1^2q_1(t)-2d_2^2q_1(t)-2d_3^2q_1(t) \quad （6\text{-}13）$$

令 $\Phi_2 = 0$ ， $\Phi_3 = 0$ ，可以得出系统的最优解，也就是纳什均衡：

$$p_2^*(t) = \frac{1+c-d_3+d_3p_3(t)+(d_2d_3-d_1)q_1(t)}{2} \quad （6\text{-}14）$$

$$p_3^*(t) = \frac{1+c-d_3+d_3p_2(t)+(d_1d_3-d_2)q_1(t)}{2} \quad （6\text{-}15）$$

由于农产品市场中合作社不具有完全的市场信息，其决策往往按照部分市场反馈作出。假设合作社 1 基于有限理性预期进行决策，即在对上一期边际利润局部估计的基础上进行调整。如果合作社 1 在第 t 期的利润为正，则在第 $t+1$ 时期增加农产品销售量，反之则减少农产品销售量。由此可得合作社 1 在第 $t+1$ 时期的销售量为

$$q_1(t+1) = q_1(t)+\alpha q_1(t)\frac{N+d_1(1-p_2(t)+d_3(-1+p_3(t)+4d_2q_1(t)))}{(d_3^2-1)} \quad （6\text{-}16）$$

其中， $\alpha > 0$ ，表示合作社 1 销售量调整的反应速度。

由于农产品市场信息的不对称性，以及其他相关因素，农产品合作社可能会采取不同的战略决策。这里假设合作社 2 处于农产品市场竞争的初期，其对市场的预期不如合作社 1 强，因此，合作社 2 采用适应性预期，即合作社 2 会根据前一时期的最优价格来决定自身的当前时期价格，其价格博弈模型为

$$p_2(t+1) = p_2(t)-\beta(p_2(t)-p_2^*(t)) \quad （6\text{-}17）$$

其中， $\beta > 0$ ，表示合作社 2 对价格博弈过程适应的调整速度。

合作社 3 进入农产品市场的时间最晚，其对农产品市场价格几乎没有调节能力，合作社 3 只有简单的理性，只能根据系统的最优反应来决定自身的价格策略，其动态模型为

$$p_3(t+1) = \frac{1+c-d_3+d_3p_2(t)+(d_1d_3-d_2)q_1(t)}{2} \qquad (6\text{-}18)$$

根据式（6-16）～式（6-18）可以得到农产品市场中不同理性合作社的动态博弈模型：

$$\begin{cases} q_1(t+1) = q_1(t) + \alpha q_1(t)\dfrac{N+d_1(1-p_2(t)+d_3(-1+p_3(t)+4d_2q_1(t)))}{(d_3^2-1)} \\ p_2(t+1) = p_2(t) - \beta\left(p_2(t) - \left(\dfrac{1+c-d_3+d_3p_3(t)+(d_2d_3-d_1)q_1(t)}{2}\right)\right) \\ p_3(t+1) = \dfrac{1+c-d_3+d_3p_2(t)+(d_1d_3-d_2)q_1(t)}{2} \end{cases} \qquad (6\text{-}19)$$

6.2 系统不动点与稳定性分析

在式（6-19）中，令 $q_1(t+1)=q_1(t)$，$p_2(t+1)=p_2(t)$，$p_3(t+1)=p_3(t)$，为了减少运算的复杂性，假设系统中参数 $d_1=0.3$，$d_2=0.35$，$d_3=0.4$，$c=0.1$，可以计算出系统的均衡点为

$$E_0 = (0.437\,5, 0.437\,5, 0) \qquad (6\text{-}20)$$

$$E^* = (q_1^*, p_2^*, p_3^*) = (0.398\,4, 0.387\,7, 0.364\,7) \qquad (6\text{-}21)$$

均衡点 E_0 称为有界均衡点，均衡点 $E^* = (q_1^*, p_2^*, p_3^*)$ 称为纳什均衡点。为了研究系统均衡点的稳定性，需要依赖于系统的雅可比矩阵。首先计算式（6-19）的雅可比矩阵：

$$J(q_1, p_2, p_3) = \begin{bmatrix} J_{11} & 0.190\,5\alpha q_1 & 0.273\,8\alpha q_1 \\ -0.08\beta & 0.2\beta & 0.4\beta \\ -0.115 & 0.2 & 0 \end{bmatrix} \qquad (6\text{-}22)$$

其中

$$J_{11} = 1 + \alpha(0.435\,5 - 3.387q_1 + 0.190\,4p_2 + 0.273\,7p_3) \tag{6-23}$$

将 $E^* = (q_1^*, p_2^*, p_3^*)$ 代入雅可比矩阵，其特征方程如下：

$$f(\lambda) = \lambda^3 + A\lambda^2 + B\lambda + C \tag{6-24}$$

根据劳斯 – 赫尔维茨稳定性判据，系统不动点渐近稳定的充分必要条件是其特征多项式的所有零点都在单位圆内，因此，应同时满足以下条件：

$$\begin{cases} f(1) = A + B + C + 1 > 0 \\ -f(-1) = -A + B - C + 1 > 0 \\ C^2 - 1 < 0 \\ (1 - C^2)^2 - (B - AC)^2 > 0 \end{cases} \tag{6-25}$$

可得其特征方程参数分别为

$$A = 0.740\,4\alpha + \beta - 2 \tag{6-26}$$
$$B = 0.746\,3\alpha\beta - 0.728\,0\alpha - 1.040\beta + 1 \tag{6-27}$$
$$C = -0.012\,6\alpha - 0.013\,6\alpha\beta + 0.04\beta \tag{6-28}$$

图 6-1 为系统在 (α, β) 空间的稳定区域，系统的纳什均衡点就稳定在图中的区域里。从图中可以看出，合作社为了增加利润可能加快对自身销售量或者价格的调整速度，其中任何一方的调整速度超出系统的稳定区域都可能使系统陷入不稳定的状态，整个农产品市场将处于混乱竞争的局面。

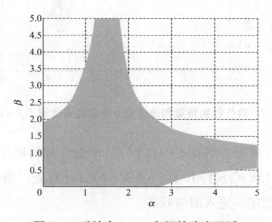

图 6-1 系统在 (α, β) 空间的稳定区域

6.3 关于销售量调整速度 α 的博弈模型复杂性分析

6.3.1 销售量调整速度 α 对系统稳定性的影响

本小节分析合作社 1 的销售量调整速度 α 的变化对农产品市场稳定性的影响。首先，对式（6-19）进行参数赋值，将价格调整速度 α 作为可控参数，假设其他参数为 $d_1 = 0.3$，$d_2 = 0.35$，$d_3 = 0.4$，$c = 0.1$，初始值 $p_1 = 6.5$，$p_2 = 6.3$，$p_3 = 6.4$，得到系统的方程为

$$\begin{cases} q_1(t+1) = q_1(t) + \alpha q_1(t)(0.436 - 1.694q_1(t) + 0.191p_2(t) + 0.274p_3(t)) \\ p_2(t+1) = p_2(t) - \beta(-0.35 + 0.08q_1(t) + p_2(t) - 0.2p_3(t)) \\ p_3(t+1) = 0.35 - 0.115q_1(t) + 0.2p_2(t) \end{cases} \quad （6\text{-}29）$$

图 6-2 为 $\beta = 1.85$ 时合作社 1 的销售量调整速度 α 的变化引起的合作社 1 的销售量和合作社 2、合作社 3 的价格变化分岔图。

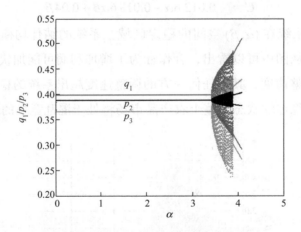

图 6-2 合作社销售量和价格随 α 变化的分岔图（$\beta = 1.85$）

从图 6-2 可以看出，当 $\alpha < 3.415$ 时，3 个合作社的销售量和价格稳定在纳什均衡点 $E^* = (q_1^*, p_2^*, p_3^*) = (0.398\,4, 0.387\,7, 0.364\,7)$ 处，当 $\alpha > 3.415$ 时，纳什均衡点将不再稳定，进入混沌状态。

图 6-3 为 $\beta = 1.85$ 时系统随 α 变化的最大李雅普诺夫指数谱。由图 6-3

可以看出，当 $\alpha < 3.415$ 时，系统李雅普诺夫指数为负，系统处于稳定状态，3 个合作社的决策处于稳定域内，始终保持纳什均衡，当 $\alpha > 3.415$ 时，系统李雅普诺夫指数为正，系统随着 α 值增大逐渐进入混沌状态，系统的纳什均衡点 E^* 不再稳定，农产品市场处于混乱竞争的局面。

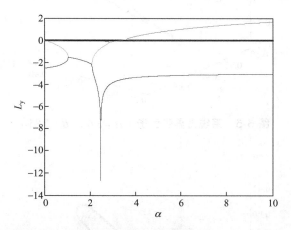

图 6-3　关于 α 的李雅普诺夫指数图（$\beta = 1.85$）

6.3.2　系统的吸引子与分数维

图 6-4 ～ 图 6-8 是 $\beta = 1.85$ 时 α 分别取 3.5、3.6、3.7、3.8、3.9 时系统的混沌吸引子。这是三寡头合作社博弈模型的混沌吸引子的演化过程。由图可以看出，当 α 取值为 3.5 时，分形更加清晰，吸引子图像更加完整。从图 6-2 关于 α 的分岔也可以清晰观察到。

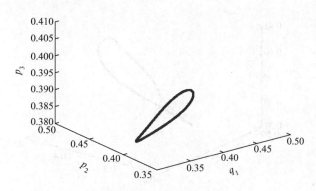

图 6-4　系统奇异吸引子（$\alpha = 3.5$，$\beta = 1.85$）

式（6.28）中，当 $\alpha = 4.415$ 时，所有系统都处于最稳定状态，随后，系统随着 α 分叉进入双周期状态间，随着 α 的逐渐增加，当 $\alpha = 3.4151$ 时，系统逐渐混沌失稳态。下图即图解，系统处于混沌状态大放大态，因为它们周期间也没有关系，系统出现复杂运动状态的混乱动态。

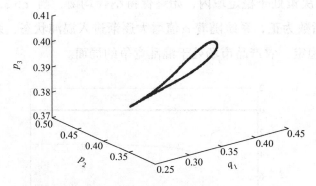

图 6-5　系统奇异吸引子（ $\alpha = 3.6$ ， $\beta = 1.85$ ）

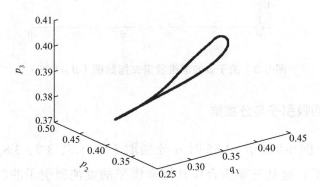

图 6-6　系统奇异吸引子（ $\alpha = 3.7$ ， $\beta = 1.85$ ）

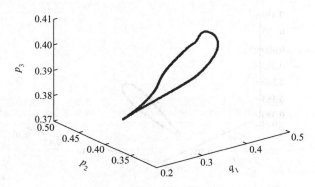

图 6-7　系统奇异吸引子（ $\alpha = 3.8$ ， $\beta = 1.85$ ）

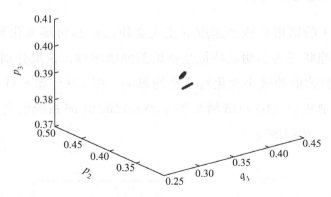

图 6-8　系统奇异吸引子（ $\alpha = 3.9$ ， $\beta = 1.85$ ）

奇异吸引子的典型特性具有分形维数，通过李雅普诺夫指数可以计算出 Kaplan-Yorke 维数。农产品合作社在不同销售量调整速度 α 状态下系统的分形维数见表 6-1。由表可以观察到，分形维数 d_L 取值范围为 (2,3)，再次验证了系统在 α 的调整下将处于混沌状态。

表 6-1　合作社 1 销售量调整速度 α 值的分形维数

α	λ_1	λ_2	λ_3	d_L
3.5	0.025 2	0.024 2	−3.518	2.014 0
3.6	0.052 1	0.051 9	−3.481	2.029 9
3.7	0.150 7	0.004 9	−3.448	2.045 1
3.8	0.217 8	−0.013 1	−3.419	2.059 9
3.9	0.274 2	−0.022 8	−3.394	2.074 1

经过计算得到分形维数在 $\alpha = 3.9$ 时取得最大值 $d_L = 2.0741$ 。系统的分形维数最大，系统更复杂。由此可以得出，当 $d_L = 2.0741$ 时，系统处于最强的混沌状态中，整个农产品市场处于混乱竞争的局面。

通过以上分析可以得出，合作社 1 较小的销售量调整速度能够使合作社获得均衡利润，过快的销售量调整速度使得整个农产品市场失去稳定性，从而使得采取价格作为竞争策略的合作社 2 和合作社 3 也受其影响，系统陷入混沌状态，严重影响了农产品市场的健康发展。

6.3.3 系统的初值敏感性

合作社 1 的销售量调整速度 α 变化会使农产品市场演化到混沌状态。系统处于混沌状态的最明显特征是初始值的敏感性，这里分别考察合作社 1 的销售量初始值的微小变化对系统的影响。图 6-9 ～图 6-11 反映了合作社 1 的初始销售量 $q_1(t) = 0.5$ 增加到 $q_1(t) = 0.500\,01$ 时系统的变化情况，其中，$\alpha = 3.9$，$\beta = 1.86$。

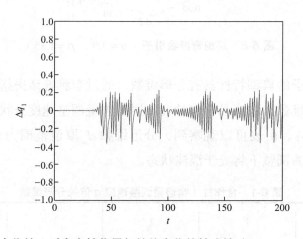

图 6-9 合作社 1 对自身销售量初始值变化的敏感性（$\alpha = 3.9$，$\beta = 1.86$）

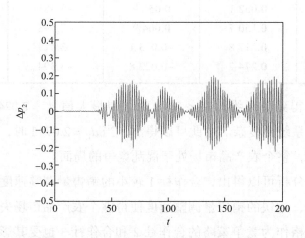

图 6-10 合作社 2 价格对合作社 1 销售量初始值变化的敏感性（$\alpha = 3.9$，$\beta = 1.86$）

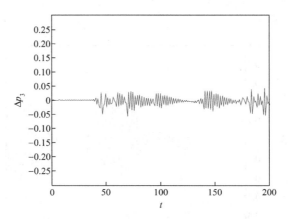

图 6-11　合作社 3 价格对合作社 1 销售量初始值变化的敏感性（$\alpha = 3.9$，$\beta = 1.86$）

从图 6-9 可以看出，当合作社 1 的销售量初始值发生 0.000 01 的微小变化时，经过 20 次左右迭代后，这种微小的变化会变大，使得合作社 1 的销售量发生很大的变化，在 [−0.3, 0.2] 范围内波动。同时，从图 6-10 可以看出，当合作社 1 的销售量初始值发生微小变化时，合作社 2 的价格将会在 20 次左右迭代后发生变化，使得价格变化在 [−0.2, 0.2] 范围内波动。从图 6-11 可以看出，当合作社 1 的销售量初始值发生微小变化后，合作社 3 的价格将会在 30 次左右迭代后发生变化，使得价格变化在 [−0.05, 0.05] 范围内波动。

图 6-12 ～ 图 6-14 是合作社 2 的价格初始值从 $p_2(t) = 0.3$ 增加到 $p_2(t) = 0.300\,01$ 时系统的变化情况，其中，$\alpha = 3.9$，$\beta = 1.86$。

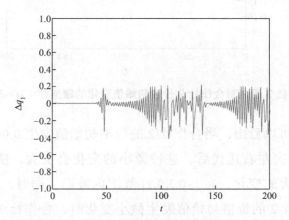

图 6-12　合作社 1 销售量对合作社 2 价格初始值变化的敏感性（$\alpha = 3.9$，$\beta = 1.86$）

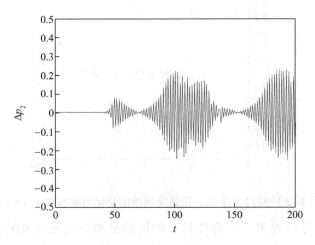

图 6-13 合作社 2 对自身价格初始值变化的敏感性（$\alpha=3.9$，$\beta=1.86$）

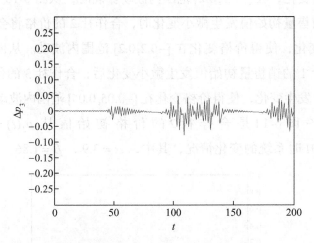

图 6-14 合作社 3 价格对合作社 2 价格初始值变化的敏感性（$\alpha=3.9$，$\beta=1.86$）

从图 6-12 可以看出，当合作社 2 的价格初始值发生 0.000 01 的微小变化时，经过 25 次左右迭代后，这种微小的变化会变大，使得合作社 1 的销售量发生很大的变化，在 [-0.3, 0.2] 范围内波动。同时，从图 6-13 可以看出，当合作社 2 的价格初始值发生微小变化时，合作社 2 的价格将会在 25 次左右迭代后发生较大的变化，使得价格在 [-0.2, 0.2] 范围内波动。从图 6-14 可以看出，当合作社 2 的价格初始值发生微小变化时，合作社 3 的价格将会在 30 次左右迭代后发生较大的变化，使得价格在 [−0.03,0.03] 范围内波动。

图 6-9 ～图 6-14 充分说明了合作社 1 销售量调整速度变化使农产品市场处于混沌竞争状态时，不论是合作社 1 的销售量还是合作社 2 的价格的微小变化，都会对三家合作社产生巨大影响，未来的销售量和价格对当前的销售量和价格微小变化具有极强的敏感性。

6.4　关于价格调整速度 β 的博弈模型复杂性分析

6.4.1　价格调整速度 β 对系统稳定性的影响

本小节分析合作社 2 的价格调整速度 β 的变化对农产品市场稳定性的影响，借助数值仿真描绘其演化过程中的复杂特性。首先对式（6-17）进行参数赋值，将价格调整速度 β 作为可控参数，系统的方程与式（6-21）相同。图 6-15 表示 $\alpha = 3.8$ 时合作社 2 的价格调整速度 β 的变化引起的合作社 1 的销售量和合作社 2、合作社 3 的价格分岔现象。

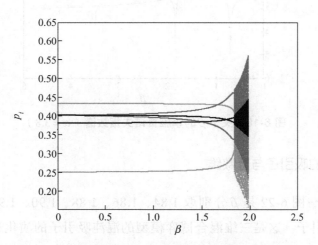

图 6-15　合作社价格 p_i 随 β 变化的分岔图（$\alpha = 3.8$）

从图 6-15 可以看出，在合作社 2 的价格调整速度 β 从 0 到 2 的变化过程中，3 个合作社一直处于倍周期分岔和混沌状态。这是由于合作社 1 的销售量调整速度 α 的影响使得合作社 2 的价格调整速度 β 不论如何变化，系统都无法处于稳定状态。由此可见，合作社 1 在整个市场中处于调节的主导地位，而合作社 2 只能在一定范围内作出相应的调整，无法掌握整个市场的状态。当合作社 2 的调整速度 $\beta > 1.852$ 时，整个农产品市场的混沌状态更加强烈，三家寡头合作社将处于混乱竞争的局面。

图 6-16 为 $\alpha = 3.8$ 时系统随 β 变化的最大李雅普诺夫指数谱。从图中可以看出，当 $\beta < 1.852$ 时，系统处于周期分岔现象，当 $\beta > 1.852$ 时，系统李雅普诺夫指数为正，系统随着 β 值增大逐渐进入更加强烈的混沌状态。其变化过程与图 6-15 合作社销售量和价格随 β 变化的分岔图完全一致。

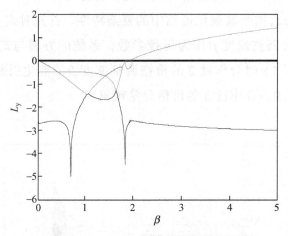

图 6-16　关于 β 的李雅普诺夫指数谱（$\alpha = 3.8$）

6.4.2　系统的吸引子与分数维

图 6-17 ～ 图 6-22 是 β 分别取 1.84、1.86、1.88、1.90、1.92、1.94 时系统的混沌吸引子。这是三维混合博弈模型的混沌吸引子的演化过程。由图可以看到，当 β 取值为 1.84 时，系统分形结构更加清晰，吸引子图像更加完整。从图 6-15 关于 β 的分岔图也可以清晰地观察到。

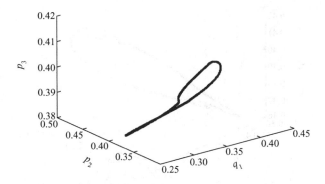

图 6-17　系统奇异吸引子（$\beta = 1.84$，$\alpha = 3.8$）

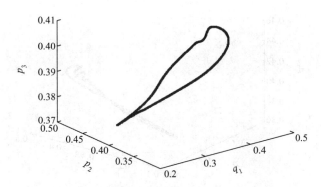

图 6-18　系统奇异吸引子（$\beta = 1.86$，$\alpha = 3.8$）

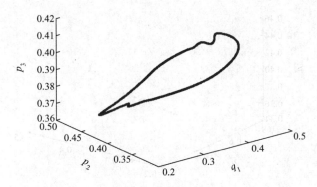

图 6-19　系统奇异吸引子（$\beta = 1.88$，$\alpha = 3.8$）

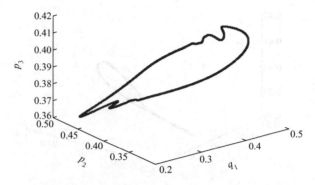

图 6-20 系统奇异吸引子（$\beta = 1.90$，$\alpha = 3.8$）

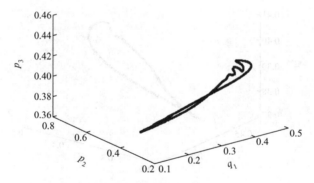

图 6-21 系统奇异吸引子（$\beta = 1.92$，$\alpha = 3.8$）

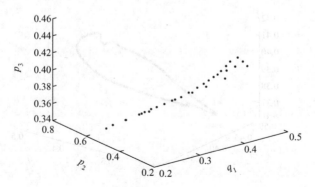

图 6-22 系统奇异吸引子（$\beta = 1.94$，$\alpha = 3.8$）

6.4.3　系统的初值敏感性

合作社 2 的价格调整速度 β 变化会使市场演化到混沌状态，系统处于混沌状态的最明显特征是初始值的敏感性。这里我们分别考察合作社 2 价格初始值的微小变化对系统的影响。

图 6-23 ～ 图 6-25 反映了合作社 2 的初始价格从 $p_2(t) = 0.3$ 增加到 $p_2(t) = 0.300\,01$ 时系统的变化情况。

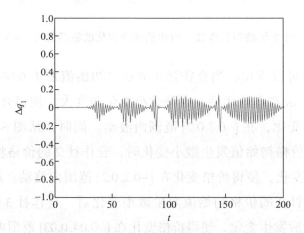

图 6-23　合作社 1 销售量对合作社 2 价格初始值变化的敏感性（ $\alpha = 3.5$ ， $\beta = 1.84$ ）

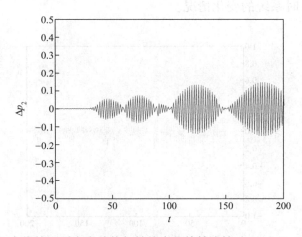

图 6-24　合作社 2 对自身价格初始值变化的敏感性（ $\alpha = 3.5$ ， $\beta = 1.84$ ）

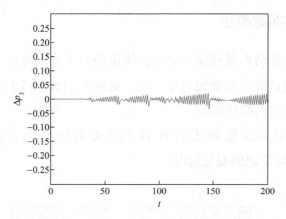

图 6-25　合作社 3 价格对合作社 2 价格初始值变化的敏感性（$\alpha = 3.5$，$\beta = 1.84$）

从图 6-23 可以看出，当合作社 2 的价格初始值发生 0.000 01 的微小变化时，经过 25 次左右迭代后，这种微小变化会变大，使得合作社 1 的销售量发生很大的变化，在 [-0.3, 0.2] 范围内波动。同时，从图 6-24 可以看出，当合作社 2 的价格初始值发生微小变化时，合作社 2 的价格将会在 25 次左右迭代后发生变化，使得价格变化在 [-0.2, 0.2] 范围内波动。从图 6-25 可以看出，当合作社 2 的价格初始值发生微小变化后，合作社 3 的价格将会在 30 次左右迭代后发生变化，使得价格变化在 [-0.04, 0.03] 范围内波动。

图 6-26 ～ 图 6-28 是合作社 1 的销售量初始值从 $q_1(t) = 0.5$ 增加到 $q_1(t) = 0.500\,01$ 时系统的变化情况。

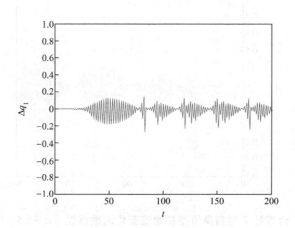

图 6-26　合作社 1 销售量对自身销售量初始值变化的敏感性（$\alpha = 3.5$，$\beta = 1.84$）

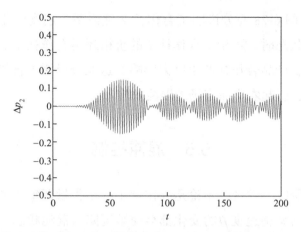

图 6-27　合作社 2 价格对合作社 1 销售量初始值变化的敏感性（$\alpha = 3.5$，$\beta = 1.84$）

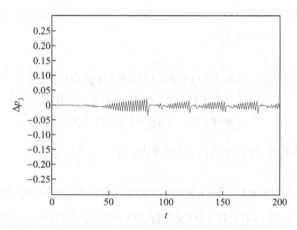

图 6-28　合作社 3 价格对合作社 1 销售量初始值变化的敏感性（$\alpha = 3.5$，$\beta = 1.84$）

从图 6-26 可以看出，当合作社 1 的销售量初始值发生 0.000 01 的微小变化时，经过 10 次左右迭代后，这种微小的变化会变大，使得合作社 1 的销售量发生很大的变化，在 [−0.3, 0.2] 范围内波动。同时，从图 6-27 可以看出，当合作社 1 的销售量初始值发生微小变化时，合作社 2 的价格将会在 15 次左右迭代后发生较大的变化，使得价格在 [−0.15, 0.15] 范围内波动。从图 6-28 可以看出，当合作社 1 的销售量初始值发生微小变化时，合作社 3 的价格将会在 25 次左右迭代后发生较大的变化，使得价格在 [−0.04, 0.03] 范围内波动。

图 6-23～图 6-28 充分说明了合作社 2 价格调整速度变化使农产品市场处于混沌竞争状态时，不论是合作社 2 的价格还是合作社 1 的销售量的微小变化，都会对农产品合作社产生巨大影响，这充分说明了合作社 2 的价格调整速度的变化会引起农产品市场的混沌效应。

6.5　混沌控制

从上面的研究中发现，不论是合作社 1 的销售量调整速度 α 的变化还是合作社 2 的价格调整速度 β 的变化都会使系统陷入混沌状态，这对农产品合作社来说都是不希望看到的。因此，农产品合作社会采取控制策略，延缓或者消除分岔和混沌现象的发生。本章继续采用状态反馈和参数调整控制法对系统施加控制。假设原系统为

$$\begin{cases} q_1(t+1)=g_3(q_1(t),p_2(t),p_3(t)) \\ p_2(t+1)=g_2(q_1(t),p_2(t),p_3(t)) \\ p_3(t+1)=g_3(q_1(t),p_2(t),p_3(t)) \end{cases} \quad (6\text{-}30)$$

对式（6-30）系统施加控制后，受控系统为

$$\begin{cases} p_1(t+m)=(1-\mu)(g_1^{(m)}(p_1(t),p_2(t)),p_3(t)))+\mu p_1(t) \\ p_2(t+m)=(1-\mu)(g_2^{(m)}(p_1(t),p_2(t),p_3(t)))+\mu p_2(t) \\ p_3(t+m)=(1-\mu)(g_3^{(m)}(p_1(t),p_2(t),p_3(t)))+\mu p_3(t) \end{cases} \quad (6\text{-}31)$$

其中，取 $m=1$，即原系统式（6-17）稳定到纳什均衡点，控制参数 $\mu \in (0,1)$。当 $\mu=0$ 时，受控系统式（6-23）退化为原系统式（6-22）。选择合适的控制参数 μ，可以实现混沌控制的目的。基于该方法对系统式（6-21）的混沌行为实施控制策略，受控系统为

$$\begin{cases} q_1(t+1)=(1-\mu)\{q_1(t)+\alpha q_1(t)(0.436-1.694q_1(t)+0.191p_2(t)+0.274p_3(t))\}+ \\ \quad \mu q_1(t) \\ p_2(t+1)=(1-\mu)\{p_2(t)-\beta(-0.35+0.08q_1(t)+p_2(t)-0.2p_3(t))\}+\mu p_2(t) \\ p_3(t+1)=(1-\mu)\{0.35-0.115q_1(t)+0.2p_2(t)\}+\mu p_3(t) \end{cases} \quad (6\text{-}32)$$

当 $\mu=0$ 时，α 取值与原系统稳定时取值相同，受控系统退化为原系统。当系统受控因子 $u=0.1$ 时，系统受控后的稳定区域如图 6-30 所示。从图中可以看出，系统受控后的纳什均衡点的稳定域增大。

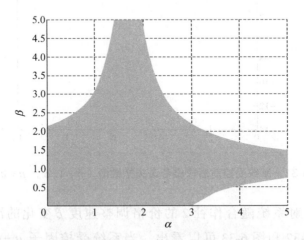

图 6-29　系统受控后在 (α,β) 空间的稳定区域（ $u=0.1$ ）

从图 6-30 和图 6-31 可以看出，当系统受控因子 $\mu=0.15$ 时，系统受控后的纳什均衡点的稳定域增大，系统调整速度变化范围由受控前 $\alpha=[0,3.415]$ 增大到受控后 $\alpha=[0,3.954]$，系统的混沌状态得到了延迟。

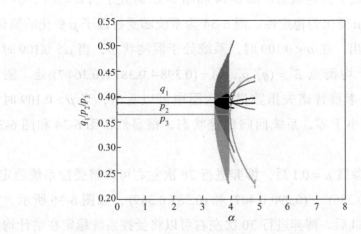

图 6-30　系统受控前后 3 家合作社随 α 变化的分岔图（ $\beta=1.85$ ，$\mu=0.15$ ）

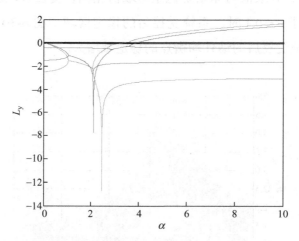

图 6-31　系统受控前后李雅普诺夫指数谱（$\beta = 1.85$，$\mu = 0.15$）

相应的，对系统随合作社 2 的价格调整速度 β 变化的混沌状态进行控制。从图 6-32 和图 6-33 可以看出，当系统受控因子 $\mu = 0.15$ 时，系统受控后的纳什均衡点的稳定域也随之增大，系统调整速度变化范围由受控前 $\beta = [0, 1.852]$ 增大到受控后 $\beta = [0, 2.309]$，系统的混沌状态也得到了延迟。

随着受控因子 μ 的进一步增大，系统混沌状态逐渐得到控制直至完全消除，系统将处于稳定状态。图 6-34 和图 6-35 研究了当 $\alpha = 3.8$，$\beta = 1.85$ 时受控系统随 μ 变化的稳定性。图 6-34 为系统随受控因子 μ 变化的演化图，从图中可以看出，在 $\mu < 0.109$ 时，系统处于混沌状态，当 $\mu > 0.109$ 时，系统稳定在纳什均衡点 $E^* = (q_1^*, p_2^*, p_3^*) = (0.398\,4, 0.387\,7, 0.364\,7)$ 处。图 6-35 为相应的最大李雅普诺夫指数谱。从图中可以看出，当 $\mu > 0.109$ 时，李雅普诺夫指数小于零，系统回归稳定状态，很显然，图 6-34 和图 6-35 是一致的。

加入控制参数 $\mu = 0.1$ 后，博弈进行 20 次左右可以将受控系统稳定在 2 周期点 $(0.341, 0.386)$、$(0.390, 0.407)$ 和 $(0.387, 0.389)$，如图 6-36 所示。加入控制参数 $\mu = 0.4$ 后，博弈进行 30 次左右可以将受控系统稳定在纳什均衡点 $E^* = (q_1^*, p_2^*, p_3^*) = (0.398\,4, 0.387\,7, 0.364\,7)$，如图 6-37 所示。

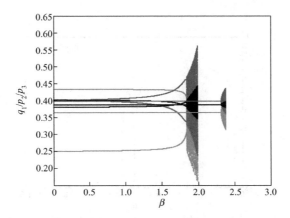

图 6-32　系统受控前后 3 家合作社随 β 变化的分岔图（$\alpha = 3.8$，$\mu = 0.15$）

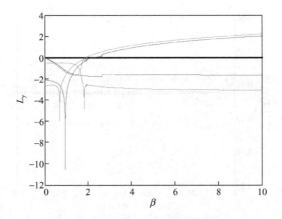

图 6-33　系统受控前后李雅普诺夫指数谱（$\alpha = 3.8$，$\mu = 0.15$）

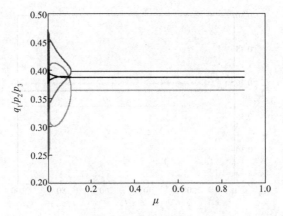

图 6-34　3 家合作社随 μ 变化的分岔图（$\alpha = 3.8$，$\beta = 1.85$）

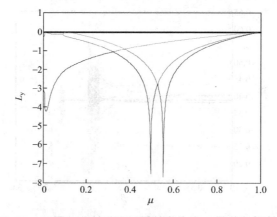

图 6-35　最大李雅普诺夫指数谱（$\alpha = 3.8$，$\beta = 1.85$）

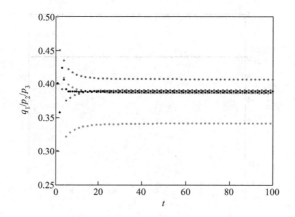

图 6-36　$\mu = 0.1$ 时系统稳定在 2 周期点

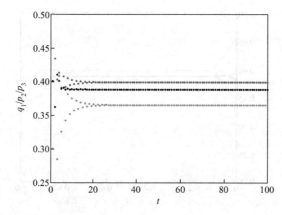

图 6-37　$\mu = 0.2$ 时系统稳定在 $E^{*} = (q_1^{*}, p_2^{*}, p_3^{*}) = (0.398\ 4, 0.387\ 7, 0.364\ 7)$

由此可以看出，加入控制参数 μ 后受控系统中销售量和价格的分岔情况与原系统相比被明显推迟直到完全消除。通过调节控制参数 μ，可使农产品市场重新处于稳定的环境。这使得农产品市场竞争更加有序，农产品合作社将会获得稳定的利润，用户也都能从中受益。

6.6　本章小结

本章首先建立了不同决策变量的农产品合作社古诺 – 伯特兰德混合模型。模型中合作社 1 是古诺型寡头，以销售量为决策变量并且具有有限理性。合作社 2 是伯特兰德型寡头，以价格作为决策变量并且具有适应性预期理性。合作社 3 是伯特兰德型寡头，以价格作为决策变量并且具有简单理性。该模型更加符合真实的农产品市场的竞争情况。在此基础上，着重研究不同理性的古诺 – 伯特兰德混合模型的内在复杂性，发现合作社随着竞争策略的调整表现出的动力学行为。当农产品市场陷入混沌状态时，由于混沌效应的存在，合作社将很难作出长期战略规划，也不能获得稳定的市场利润。通过对系统施加状态反馈和参数调整控制法，农产品市场的倍周期分岔和混沌现象的出现都被明显推迟甚至消失，同时规范了农产品市场竞争行为，使农产品市场重新回到有序的竞争。

第7章　农产品供应链上下游企业广告投入动态博弈研究

广告在传统的供应链营销方案中扮演着重要的角色,合作广告投入占据了制造商和零售商的大部分促销预算。制造商承担部分零售商在本地广告花费中所产生的费用支出,制造商可以通过合作广告策略提升品牌形象,增加产品销售量。零售商的地方广告投入可以吸引潜在客户购买商品。制造商分担部分地方广告投入费用可以促使零售商投入更多的广告费用,进而增加产品销售量[95]和收益。

以往关于供应链的文献都大多认为其是风险中性的。然而,由于市场不确定性的增加和竞争越加激烈,供应链承担风险的能力会严重影响企业整体收益。一些企业为规避风险,宁愿牺牲收益来规避风险。近年来,学者们开始研究风险态度对供应链决策行为的影响。在管理领域,大多数决策者倾向于风险规避。大多数学者研究由一个或多个风险规避参与者组成的供应链决策问题。他们主要研究风险态度对供应链参与者的生产决策、价格决策和战略的影响。在供应链管理背景下,效用函数和平均风险模型都被广泛应用于风险规避决策问题[96]。

本章在梳理已有文献的基础上,基于斯塔克尔伯格博弈模型和系统动力学理论,将风险规避和合作广告理论应用到由合作社和超市组成的"农超对接"供应链博弈研究中,构建风险规避型"农超对接"供应链广告投入博弈模型,其中合作社和超市都是风险厌恶的供应链成员。本章重点研究广告投入的调整速度、合作社对地方广告投入的参与率、供应链成员的风险承受水平和广告投入效应系数等相关因素对供应链系统稳定性和收益的影响,为合作社和超市的战略决策提供理论参考。

7.1　模型描述

本章考虑由合作社和超市组成的"农超对接"供应链，具体模型框架如图 7-1 所示。其中，合作社集中收购零散农户种植的农产品，并通过超市销售给顾客。为了提高农产品销售量，合作社通常投资全国广告来打造自身的农产品品牌形象，大型连锁超市则作为销售方投资地方广告，宣传开拓本地农产品市场。本章将合作社作为全国广告投入的主导方，超市作为地方广告投入的主导方，构建具有风险规避行为的"农超对接"供应链斯塔克尔伯格博弈模型。

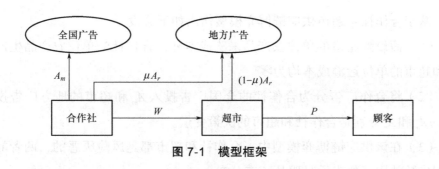

图 7-1　模型框架

表 7-1 列出了本章相关的符号参数。

表 7-1　符号参数

符号	解释
p	超市的销售价格，$p > w > 0$
v	基本需求量，$v > 0$
A_m	合作社的全国广告投入，$A_m \geq 0$
A_r	超市的地方广告投入，$A_r \geq 0$
k_m	全国广告投入的效应系数，$k_m > 0$
k_r	地方广告投入的效应系数，$k_r > 0$
w	合作社供应超市的产品价格
μ	合作社地方广告的参与率，$0 \leq \mu \leq 1$

符号	解释
α_1	合作社广告投入的调整速度，$\alpha_1 > 0$
α_2	超市广告投入的调整速度，$\alpha_2 > 0$
λ_1	合作社风险规避水平，$\lambda_1 > 0$
λ_2	超市风险规避水平，$\lambda_2 > 0$

7.2　模型假设

基于合作社－超市供应链博弈模型作出如下假设。

（1）假设除超市的单位农产品采购成本外，合作社的单位农产品生产成本和超市的单位运输成本均为零。

（2）将合作广告分为合作社的全国广告投入 A_m 和超市的地方广告投入 A_r，A_m 和 A_r 分别是合作社和超市的决策变量。

（3）在该供应链博弈模型中，合作社和超市都是风险厌恶的，两者的收益用指数效用函数表示且服从正态分布。

7.3　模型构建

消费者需求函数取决于农产品零售价格 p、合作社广告投入 A_m 和超市投入 A_r，需求函数在价格上线性递减，且在广告投入上是凹函数。该函数在以往的研究中得到了广泛应用。消费者需求随农产品价格下降和广告投入增大而增加。消费者需求函数可表示为 [66, 97]

$$V(p, A_m, A_r) = v - p + k_m \sqrt{A_m} + k_r \sqrt{A_r} \qquad (7-1)$$

广告投入的敏感系数由正参数 k_m 和 k_r 表示。参数 μ 为合作社的广告参与率，即合作社同意补贴给超市地方广告投入的百分比。合作社、超市和供应链市场的利润分别为 [77]

$$\Pi_m = w(v - p + k_m\sqrt{A_m} + k_r\sqrt{A_r}) - \mu A_r - A_m \qquad （7\text{-}2）$$

$$\Pi_r = (p - w)(v - p + k_m\sqrt{A_m} + k_r\sqrt{A_r}) - (1 - \mu)A_r \qquad （7\text{-}3）$$

$$\Pi_{m+r} = p(v - p + k_m\sqrt{A_m} + k_r\sqrt{A_r}) - A_r - A_m \qquad （7\text{-}4）$$

其中，参数 v 为随机变量，且 $v = \bar{v} + \varepsilon$，参数 $\bar{v}$ 是市场的基本需求，ε 服从正态分布，$E(\varepsilon) = 0$，$\mathrm{Var}(\varepsilon) = \sigma^2$，$E(v) = E(\bar{v})$。指数效用函数是效用函数的一种形式，在管理决策领域有重要的应用。这里认为合作社和超市都是风险厌恶的供应链参与者且利润服从正态分布。因此，期望效用可以表示为

$$E(U) = E(\Pi) - \lambda\sqrt{\mathrm{Var}(\Pi)} \qquad （7\text{-}5）$$

其中，参数 λ 为风险承受水平。$\lambda > 0$ 意味着具有风险规避行为。λ 值越大，风险规避水平越高。当 λ 趋近于 0 时，趋于风险中性。合作社和超市利润的期望 $E(\Pi)$ 和方差 $\mathrm{Var}(\Pi)$ 表示为

$$E(\Pi_m) = w(v - p + k_m\sqrt{A_m} + k_r\sqrt{A_r}) - \mu A_r - A_m \qquad （7\text{-}6）$$

$$\mathrm{Var}(\Pi_m) = w^2\sigma^2 \qquad （7\text{-}7）$$

$$E(\Pi_r) = (p - w)(v - p + k_m\sqrt{A_m} + k_r\sqrt{A_r}) - (1 - \mu)A_r \qquad （7\text{-}8）$$

$$\mathrm{Var}(\Pi_r) = (p - w)^2\sigma^2 \qquad （7\text{-}9）$$

根据式（7-5）～式（7-9），合作社和超市的期望效用函数可以表示为

$$E(U_m) = w(v - p + k_m\sqrt{A_m} + k_r\sqrt{A_r}) - \mu A_r - A_m - \lambda_1 w\sigma \qquad （7\text{-}10）$$

$$E(U_r) = (p - w)(v - p + k_m\sqrt{A_m} + k_r\sqrt{A_r}) - (1 - \mu)A_r - \lambda_2(p - w)\sigma \qquad （7\text{-}11）$$

由式（7-10）和（7-11）可以看出，利用效用函数可以得到更符合市场竞争实际的收益函数。因此，合作社和超市将会尽可能最大化自身的期望效用以获得更大的企业收益。

合作社首先决定农产品的广告投入 A_m 和批发价格 w。超市根据合作社的决策信息决定农产品的地方广告投入 A_r 和零售价格 p。求斯塔克尔伯格均

衡解，首先考虑超市的最优决策[98]。

求解一阶方程 $\partial E(U_r)/\partial A_r = 0$ 和 $\partial E(U_r)/\partial p = 0$ 如下：

$$\begin{cases} \dfrac{\partial E(U_r)}{\partial A_r} = \dfrac{(p-w)k_r}{2\sqrt{A_r}} - 1 + \mu = 0 \\[3mm] \dfrac{\partial E(U_r)}{\partial p} = v - 2p + k_m\sqrt{A_m} + k_r\sqrt{A_r} + w - \lambda_2\sigma = 0 \end{cases} \tag{7-12}$$

可以得到 A_r^* 和 p^* 的最优解：

$$A_r^* = \frac{k_r^2(-v - k_m\sqrt{A_m} + w + \lambda_2\sigma)^2}{(-4 + 4\mu + k_r^2)^2} \tag{7-13}$$

$$p^* = \frac{1}{2}\left(v + w + k_m\sqrt{A_m} - \lambda_2\sigma + k_r\sqrt{\frac{k_r^2(-v - k_m\sqrt{A_m} + w + \lambda_2\sigma)^2}{(k_r^2 + 4\mu - 4)^2}}\right) \tag{7-14}$$

并得到合作社的期望效用函数 $E(U_m)$ 和 $\partial E(U_m)/\partial A_m$：

$$E(U_m) = w(v - p^* + k_m\sqrt{A_m} + k_r\sqrt{A_r^*}) - \mu A_r^* - A_m - \lambda_1 w\sigma \tag{7-15}$$

$$\frac{\partial E(U_m)}{\partial A_m} = \frac{wk_m}{4\sqrt{A_m}}\left(1 - \frac{k_r^3(G - k_m\sqrt{A_m})}{F\sqrt{\dfrac{k_r^2(G - k_m\sqrt{A_m})^2}{F}}}\right) + \frac{uk_r^2 k_m(G - k_m\sqrt{A_m})}{F\sqrt{A_m}} - 1 \tag{7-16}$$

其中，$F = (-4 + 4u + k_r^2)^2$，$G = -v + w + \lambda_2\sigma$。

由式（7-12）和（7-14）得到 $\partial E(U_r)/\partial A_r$：

$$\frac{\partial E(U_r)}{\partial A_r} = \left(k_m\sqrt{A_m} + k_r\sqrt{\frac{k_r^2(G - k_m\sqrt{A_m})^2}{F}} - G\right)\frac{k_r}{4\sqrt{A_r}} - 1 + u \tag{7-17}$$

基于以上推导分析，本章构建一个动态的斯塔克尔伯格博弈模型。该模型假设合作社和超市均为有限理性，它们在有限市场信息的基础上动态调整自身的广告投入[98]。合作社在进行广告投入决策时，受到决策能力等客观条件的影响，无法获得市场的全部信息。合作社首先根据超市的最优决策，采取有限理性预期。假设基于对当期边际效用的部分估计，对下一期决策作出有限理性调整[99]。在每个时期，合作社首先根据全国广告投入估计边际效用，并根据有限理性预期进行决策。合作社实行该决策后，超市根据合作社的全国广告投入估计地方广告投入的边际效用[98]。基于此构建如下动态博弈模型：

$$
\begin{cases}
A_m(t+1) = A_m(t) + \alpha_1 A_m(t) \\
\quad \left\{ \dfrac{wk_m}{4\sqrt{A_m(t)}} \left(1 - \dfrac{k_r^{\,3}(G - k_m\sqrt{A_m(t)})}{F\sqrt{\dfrac{k_r^{\,2}(G - k_m\sqrt{A_m(t)})^2}{F}}} \right) + \dfrac{uk_r^{\,2}k_m(G - k_m\sqrt{A_m(t)})}{F\sqrt{A_m(t)}} - 1 \right\} \\
A_r(t+1) = A_r(t) + \alpha_2 A_r(t) \\
\quad \left\{ \left(k_m\sqrt{A_m(t+1)} + k_r\sqrt{\dfrac{k_r^{\,2}(G - k_m\sqrt{A_m(t+1)})^2}{F}} - G \right) \dfrac{k_r}{4\sqrt{A_r(t)}} - 1 + u \right\}
\end{cases}
\tag{7-18}
$$

其中，α_1 和 α_2 分别表示合作社和超市广告投入调整速度。

7.4　稳定性分析

近年来，数值模拟方法被广泛应用于复杂动力系统的分析。为了研究系统的稳定性，根据市场实际竞争情况，为参数赋值如下：$v = 400$，$w = 200$，$k_r = 0.2$，$k_m = 0.4$，$\mu = 0.3$，$\lambda_1 = 3$，$\lambda_2 = 4$，$\sigma = 8$。

令 $A_m(t+1) = A_m(t)$，$A_r(t+1) = A_r(t)$，可以得出式（7-18）的 4 个均衡解为 $E_0 = (0,0)$，$E_1 = (407.2,0)$，$E_2 = (0,148.2)$，$E_3 = (407.2,162.8)$。

显然，E_0、E_1 和 E_2 部分或全部为零，是边界不稳定平衡点。E_3 为式（7-18）唯一的非负均衡点。分析系统的唯一正均衡点具有重要理论意义。为了研究平衡点的局部稳定性，首先给出 E_3 的雅可比矩阵：

$$
J(E_3) = \begin{bmatrix} 1 - 0.500\,1\,\alpha_1 & 0 \\ 0.641\,4\mathrm{e}^{-2}\alpha_2 & 1 - 0.035\,00\,\alpha_2 \end{bmatrix}
\tag{7-19}
$$

可得到雅可比矩阵的特征方程：

$$F(\lambda) = \lambda^2 - \mathrm{Tr}\lambda + \mathrm{Det} = 0 \qquad (7\text{-}20)$$

其中

$$\mathrm{Det} = (1 - 0.500\,1\alpha_1)(1 - 0.350\,0\,\alpha_2) \qquad (7\text{-}21)$$

$$\mathrm{Tr} = 2 - 0.500\,1\alpha_1 - 0.350\,0\,\alpha_2 \qquad (7\text{-}22)$$

容易得出 $\mathrm{Tr}^2 - 4\mathrm{Det} > 0$。因此，纳什均衡的特征值是实数。根据陪审团条件，可得纳什均衡局部稳定的充分必要条件：

$$\begin{cases} 1 - \mathrm{Tr} + \mathrm{Det} > 0 \\ 1 + \mathrm{Tr} + \mathrm{Det} > 0 \\ 1 - \mathrm{Det} > 0 \end{cases} \qquad (7\text{-}23)$$

通过数值模拟可以研究均衡点 E_3 的稳定区域。如果 (α_1, α_2) 的值处于稳定区域，系统在多次博弈后会稳定在纳什均衡点 $E_3^*(407.2, 162.8)$。根据式（7-21）～式（7-23），得到系统的二维稳定区域，如图7-2所示。图7-2直观显示出系统的稳定区域，以及参数 α_1 和 α_2 之间的相互影响情况。显然，$\alpha_2 \in [0, 5.71]$ 稳定区域大于 $\alpha_1 \in [0, 3.99]$ 的稳定区域。从稳定区域的范围可以看出，系统的稳定性对合作社更为敏感。如果 α_1 相对较小，即使 α_2 是相对较大的，系统也是稳定的，从图7-2也可以得到证实。

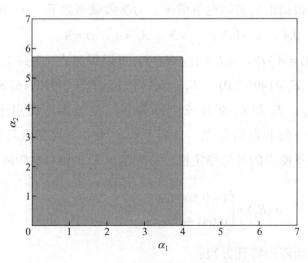

图7-2　(α_1, α_2) 平面纳什均衡的稳定区域

从以上分析可以看出，供应链市场的稳定竞争有利于供应链企业制定长期的发展战略。企业为了保证农产品市场的平稳发展，必须频繁地调整自身的广告投入[100]。如果调整参数超出稳定区域，系统最终将失去控制，陷入混沌状态。基于此，以下将通过非线性动力学分析和数值模拟的方法，分析式（7-18）的动力学特性以及各相关因素对系统稳定性和收益的影响，重点针对博弈过程中的稳定区域、分岔和混沌等复杂动力学行为进行分析研究。

7.5　动力学分析与数值模拟

7.5.1　关于调整速度的动态性分析

系统的动态特性可以借助参数的二维分岔图来分析，从分岔图可以清晰地看出系统稳定域的演化过程[69]。图 7-3 中浅色区域代表稳定区域，由浅逐渐变深分别代表 2 周期、4 周期和 8 周期稳定区域。之后，随着参数 α_1 和 α_2 的不断增大，系统将进入混沌状态。灰色区域表示系统混沌区域，白色区域表示发散区域，即将退出市场竞争。从图 7-3 可以看出，α_2 的稳定区域比 α_1 的稳定区域更大，合作社的农产品调整速度对于市场的稳定性影响更大。

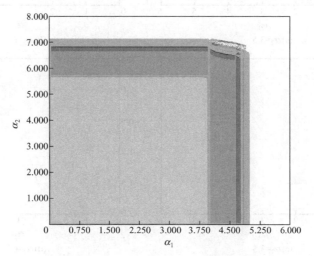

图 7-3　关于 α_1 和 α_2 的二维分岔图

图 7-4（a）和图 7-4（b）分别给出了关于 α_1 的 A_m 和 A_r 分岔图，对应的最大李雅普诺夫指数谱（LLE）如图 7-4（c）和图 7-4（d）所示，该指数通常作为判定系统是否处于混沌状态的重要指标。结果表明，当 α_2=3.5 和 α_2=6，参数 α_1<3.99 时，A_m 和 A_r 处于稳定状态。此时，A_m 的稳定区域不随参数 α_2 变化。当参数 α_1=3.99 时，系统进入 2 周期分岔状态。当参数 3.99<α_1<4.64 时，系统处于 2 周期状态，图 7-5（a）和图 7-5（b）系统混沌吸引子也清晰展示出 2 周期分岔状态。随着参数 α_1 的进一步增大，系统将进入 4 周期（4.64<α_1<4.75）和混沌状态（α_1>4.75）。图 7-5（c）和图 7-5（d）给出了参数 α_1=4.95 时系统的混沌吸引子，与图 7-4 中最大李雅普诺夫指数谱一致。混沌吸引子表示系统不再稳定，进入无序的状态。

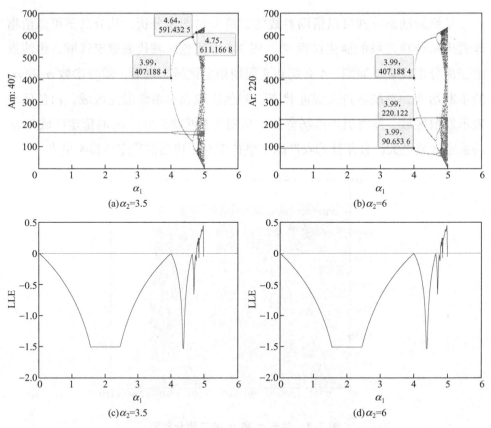

图 7-4　关于参数 α_1 的分岔图和最大李雅普诺夫指数谱

关于 α_1 和 α_2 的二维最大李雅普诺夫指数谱（DLLE）如图 7-6（a）和图 7-6（b）所示。LLE<0 时，为图像的深色区域，颜色从深色逐步过渡到浅色。当 LLE 趋于 0 时，颜色变为浅色，系统处于 2 周期分岔和 4 周期分岔状态。当 LLE>0，颜色变为深色，此时意味着系统处于混乱和发散状态。通过二维最大李雅普诺夫指数谱，可以将系统状态从有序到无序的变化趋势直观展现出来。

在农产品市场中，合作社和超市的目标是最大化自身的期望效用。参数 α_1 和 α_2 对期望效用和平均期望效用的影响如图 7-7 所示。由图 7-7（a）和图 7-7（b）可知，当参数 α_1 处于稳定区域时，合作社和超市的期望效用稳定在 $(E(U_m), E(U_r)) = (19\,006, 7\,863)$。随着参数 α_1 的增大，系统进入倍周期分岔和混沌状态。当 $E(U_m)$ 和 $E(U_r)$ 进入混沌状态时，期望效用的动态振荡加剧，其分岔性属性与广告投入 A_m、A_r 相似。

从图 7-7（c）和图 7-7（d）中可以发现，当系统处于不稳定状态时，合作社和超市的平均期望效用全部处于悬崖式下降状态。当农产品市场失去稳定性时，企业的平均期望效用降低，这与企业的经营目标和运营收益不相符。因此，将系统稳定在平衡点对合作社和超市都是最有利的。合作社和超市将控制自身的调整速度，共同保持农产品市场的稳定竞争，以获得最大的收益。

7.5.2　合作社地方广告参与率的影响分析

本小节将研究合作社的地方广告参与率 μ 对系统稳定性和动态行为的影响。

图 7-8 为分别为 $\mu = 0.2$、0.4、0.6、0.8 时系统的二维分岔图。从二维分岔图中可以看出，不同参数 μ 值对应不同的二维分岔曲线。参数 μ 的变化对 α_1 的稳定区域范围几乎没有影响，但对 α_2 稳定区域的范围影响较大，且随参数 μ 增大而稳定的范围扩大。这说明，合作社的地方广告参与率对系统稳定性的影响是正向的，即合作社地方广告的参与率越高，系统纳什均衡点越稳定。

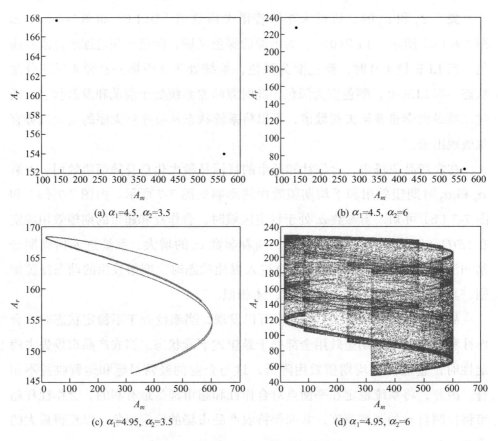

(a) $\alpha_1=4.5$, $\alpha_2=3.5$

(b) $\alpha_1=4.5$, $\alpha_2=6$

(c) $\alpha_1=4.95$, $\alpha_2=3.5$

(d) $\alpha_1=4.95$, $\alpha_2=6$

图 7-5　关于 α_1 和 α_2 的系统吸引子

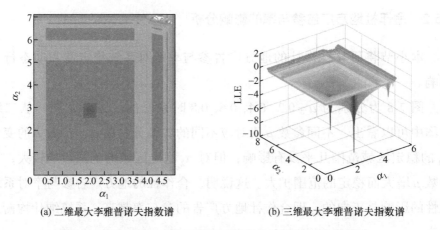

(a) 二维最大李雅普诺夫指数谱

(b) 三维最大李雅普诺夫指数谱

图 7-6　关于 α_1 和 α_2 的二维和三维最大李雅普诺夫指数谱

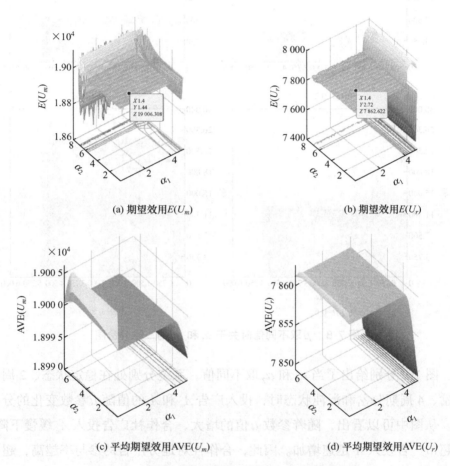

(a) 期望效用$E(U_m)$

(b) 期望效用$E(U_r)$

(c) 平均期望效用AVE(U_m)

(d) 平均期望效用AVE(U_r)

图 7-7　关于 α_1 和 α_2 的期望效用和平均期望效用

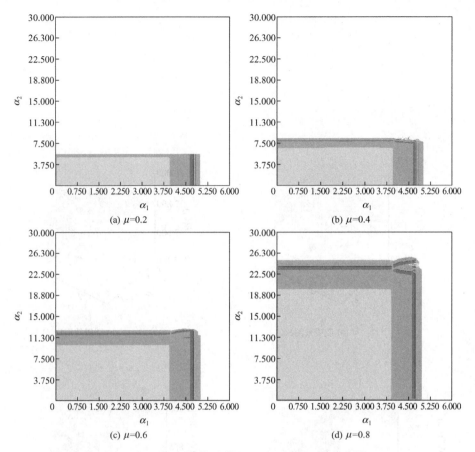

图 7-8 μ 取不同值时关于 α_1 和 α_2 的二维分岔图

图 7-9 分别给出了当 α_1 和 α_2 取不同值，系统分别处在稳定状态、2 周期分岔、4 周期分岔和混沌状态时，投入广告 A_m 和 A_r 的值随 μ 参数变化的分岔图。从图中可以看出，随着参数 μ 值的增大，合作社广告投入 A_m 缓慢下降，但超市广告投入 A_r 迅速增加。因此，合作社对地方广告的参与率越高，超市在地方广告上的投入也就越多。然而，合作社的全国广告投入 A_m 仅随着参与率 μ 的增加而小幅减少。

合作社和超市的期望效用如图 7-10 所示。从图中可以看出，随着参与率 μ 的提高，系统状态发生变化，合作社的期望效用总体上呈下降趋势，超市的期望效用总体平稳略有上升。在真实的市场竞争中，为了获得更大的期望效用，合作社尽量避免地方广告合作的参与率 μ 值过大。尽管超市随着参与率 μ 的增加而期望效用增大，但同时自身的本地广告投入也会迅速增加，运营成本也随之大幅增加。为了保持市场稳定，实现双方的收益最大化，合作社作为农产品市场的主导，需要适当调整自身的广告参与率，使其不能过高或者过低。

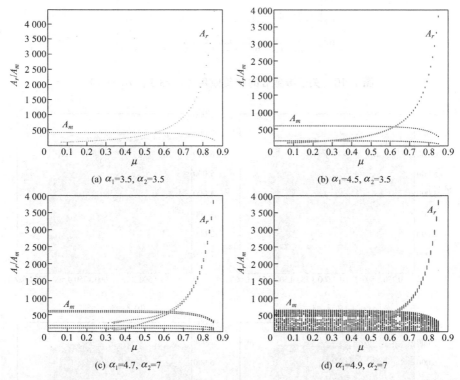

图 7-9　α_1 和 α_2 取不同值时关于 μ 的 A_m 和 A_r 二维分岔图

7.5.3　风险规避水平的影响分析

本小节重点分析风险规避水平 λ_1 和 λ_2 对系统纳什均衡点和期望效用的影响。

图 7-11 为不同风险规避水平 λ_1 和 λ_2 情况下系统的二维分岔图。从图中可以看出风险规避水平对系统稳定区域的影响。在其他参数保持不变的情况下，风险规避水平 (λ_1, λ_2) 取值分别为 $(2,3)$、$(3,3)$、$(4,4)$ 和 $(4,5)$。从仿真结果可以看出，当风险规避水平 λ_1 和 λ_2 发生变化时，系统稳定区域保持不变。

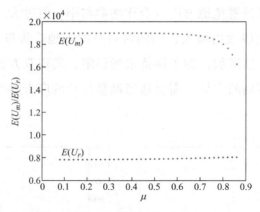

图 7-10　关于参数 μ 的期望效用（α_1=3.5，α_2=3.5）

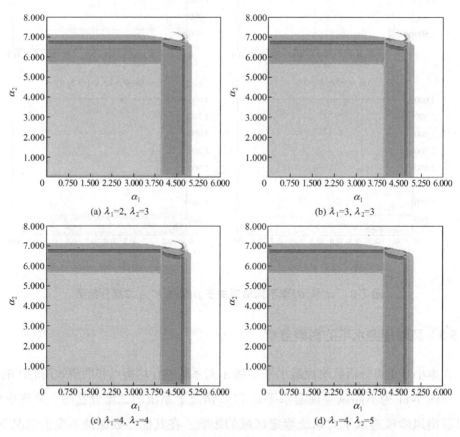

图 7-11　λ_1 和 λ_2 取不同值时关于 α_1 和 α_2 的二维分岔图

图 7-12（a）和图 7-12（b）分别为关于参数 α_1、λ_1、A_m 和 α_1、λ_1、A_r

的三维分岔图。图 7-12（c）和图 7-12（d）分别为关于参数 α_1、λ_2、A_m 和 α_1、λ_2、A_r 的三维分岔图。从图 7-12（a）和图 7-12（b）中可以发现，系统的纳什均衡点 (A_m, A_r) 不随风险规避水平 λ_1 的变化而发生变化。从图 7-12（c）和图 7-12（d）可以看出，纳什均衡点 A_m 随风险规避水平 λ_2 的变化非常微小，而纳什均衡点 A_r 随风险规避水平 λ_2 的变化发生明显变化。

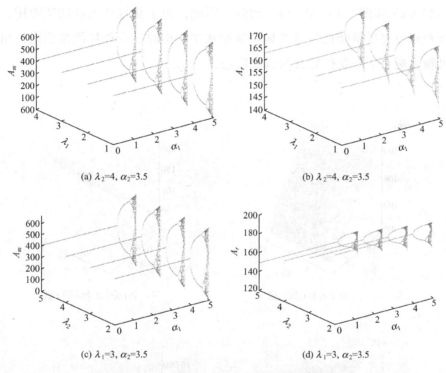

(a) $\lambda_2=4$, $\alpha_2=3.5$　　　　　(b) $\lambda_2=4$, $\alpha_2=3.5$

(c) $\lambda_1=3$, $\alpha_2=3.5$　　　　　(d) $\lambda_1=3$, $\alpha_2=3.5$

图 7-12　关于 α_1 的 A_m 和 A_r 三维分岔图

图 7-13 表示关于 λ_1 和 λ_2 的纳什均衡点 (A_m, A_r)。图 7-13（a）和图 7-13（b）分别为系统处于稳定状态时，风险规避水平 λ_1 和 λ_2 对广告投入 A_m 和 A_r 的影响。合作社和超市关于 λ_1 和 λ_2 的期望效用如图 7-13（c）和图 7-13（d）所示。从表 7-2 中可以更清楚地对比当风险规避水平 λ_2 取值不同时，系统的纳什均衡点 (A_m, A_r) 和期望效用 $(E(U_m), E(U_r))$，此时 $\alpha_1 = 3.5$，$\alpha_2 = 3.5$。由此可以得出以下结论。

（1）随着风险规避水平 λ_2 的增大，系统纳什均衡点 A_m 略有增大而 A_r 随之减小。而随着风险承受水平 λ_1 的增大，A_m 和 A_r 保持不变，与图 7-13（a）和图 7-13（b）是一致的。因此，超市将提高自身的风险规避水平来减少地方广告投入。

（2）随着风险规避水平 λ_1 增大，期望效用 $E(U_m)$ 减小且 $E(U_r)$ 保持不变。随着风险规避水平 λ_2 增大，期望效用 $E(U_m)$ 增大且 $E(U_r)$ 减小，与图 7-13（c）和图 7-13（d）是一致的。因此，为了获得更大的期望效用，合作社和超市将尽量降低自身的风险规避水平。同时，合作社则希望增大超市的风险规避水平来获得更大的自身收益。

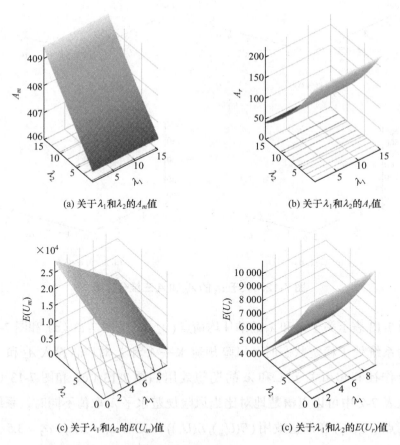

(a) 关于 λ_1 和 λ_2 的 A_m 值

(b) 关于 λ_1 和 λ_2 的 A_r 值

(c) 关于 λ_1 和 λ_2 的 $E(U_m)$ 值

(c) 关于 λ_1 和 λ_2 的 $E(U_r)$ 值

图 7-13 纳什均衡点和期望效用（ $\alpha_1 = 3.5$ ， $\alpha_2 = 3.5$ ）

表 7-2　关于 λ_1 和 λ_2 的纳什均衡点 (A_m, A_r) 和期望效用 $(E(U_m), E(U_r))$

（ $\alpha_1 = 3.5$ ， $\alpha_2 = 3.5$ ）

(A_m, A_r) $(E(U_m), E(U_r))$	$\lambda_1 = 2$	$\lambda_1 = 3$	$\lambda_1 = 4$	$\lambda_1 = 5$	$\lambda_1 = 6$
$\lambda_2 = 2$	（407.8, 193.7） （19 020, 9 356）	（407.8, 193.7） （17 420, 9 356）	（407.8, 193.7） （15 820, 9 356）	（407.8, 193.7） （14 220, 9 356）	（407.8, 193.7） （12 620, 9 356）
$\lambda_2 = 3$	（407, 177.9） （19 810, 8 593）	（407, 177.9） （18 210, 8 593）	（407, 177.9） （16 610, 8 593）	（407, 177.9） （15 010, 8 593）	（407, 177.9） （13 410, 8 593）
$\lambda_2 = 4$	（407.2, 162.8） （20 610, 7 863）	（407.2, 162.8） （19 010, 7 863）	（407.2, 162.8） （17 401, 7 863）	（407.2, 162.8） （15 810, 7 863）	（407.2, 162.8） （14 210, 7 863）
$\lambda_2 = 5$	（407.4, 148.3） （21 400, 7 165）	（407.4, 148.3） （19 800, 7 165）	（407.4, 148.3） （18 200, 7 165）	（407.4, 148.3） （16 600, 7 165）	（407.4, 148.3） （15 000, 7 165）
$\lambda_2 = 6$	（407.6, 137.6） （22 190, 6 499）	（407.6, 137.6） （20 590, 6 499）	（407.6, 137.6） （18 990, 6 499）	（407.6, 137.6） （17 390, 6 499）	（407.6, 137.6） （15 790, 6 499）

7.5.4　广告投入效应系数的影响分析

本小节重点分析广告投入效应系数 k_m 和 k_r 对纳什均衡点和期望效用的影响。

系统的二维分岔图如图 7-14 所示。从仿真图可以发现，当效应系数 (k_m, k_r) 分别为 $(0.3, 0.3)$、$(0.5, 0.3)$、$(0.7, 0.5)$ 和 $(0.7, 0.7)$ 时，系统的稳定区域没有发生变化。不论 k_m 和 k_r 如何变化，系统的稳定区域不发生变化，保

持在 $\alpha_1 \in [0, 3.99]$ 和 $\alpha_2 \in [0, 5.71]$。

图 7-15（a）和图 7-15（b）分别是关于参数 α_1、k_m、A_m 和 α_1、k_m、A_r 的三维分岔图。图 7-15（c）和图 7-15（d）是关于参数 α_1、k_r、A_m 和 α_1、k_r、A_r 的三维分岔图。我们可以发现纳什均衡点随着效应系数 k_m 和 k_r 的变化而发生变化。如图 7-15（a）和图 7-15（b）所示，纳什均衡点 (A_m, A_r) 随着 k_m 的增加而增大。如图 7-15（c）和图 7-15（d）所示，k_r 增加可以增大纳什均衡点 (A_m, A_r) 的值。同时，系统的分岔和混沌特性可以被清晰地描述出来。

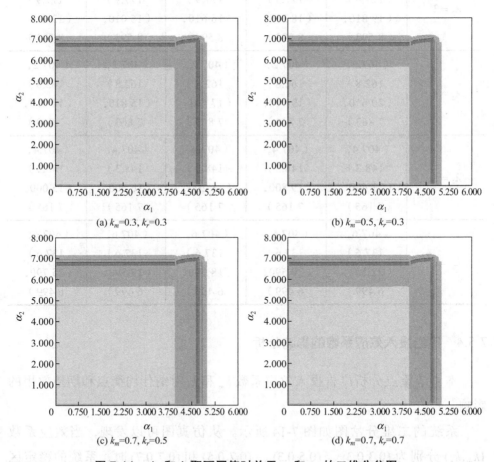

图 7-14　k_m 和 k_r 取不同值时关于 α_1 和 α_2 的二维分岔图

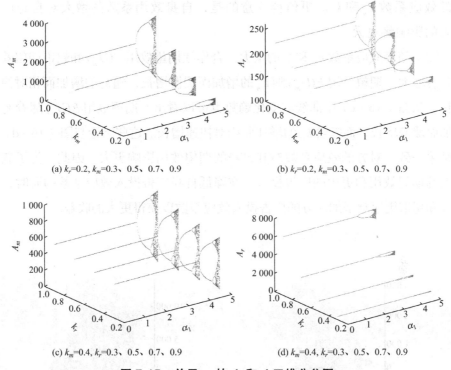

(a) k_r=0.2, k_m=0.3、0.5、0.7、0.9   (b) k_r=0.2, k_m=0.3、0.5、0.7、0.9

(c) k_m=0.4, k_r=0.3、0.5、0.7、0.9   (d) k_m=0.4, k_r=0.3、0.5、0.7、0.9

图 7-15　关于 α_1 的 A_m 和 A_r 三维分岔图

图 7-16 描述了随参数 k_m 和 k_r 变化的纳什均衡点 (A_m, A_r)。图 7-16（a）和图 7-16（b）表明当系统处于稳定状态时，广告投入效应系数 k_m 和 k_r 对全国广告和地方广告投入的影响。图 7-16（c）和图 7-16（d）描述了广告投入效用系数 k_m 和 k_r 对合作社和超市期望效用的影响。表 7-3 更加清楚地比较了当 k_m 和 k_r 取不同值时的纳什均衡点 (A_m, A_r) 和期望效用 $(E(U_m), E(U_r))$，其中，$\alpha_1 = 3.5$，$\alpha_2 = 3.5$。通过比较可以有如下发现。

（1）随着效应系数 k_m 和 k_r 的增大，系统的稳定区域保持不变。

（2）纳什均衡点 (A_m, A_r) 随着效用系数 k_m 和 k_r 的增加而增大。随着效应系数 k_m 增加，合作社广告投入 A_m 增长迅速但超市广告投入 A_r 增长相对缓慢。同时，随着效应系数 k_r 增加，A_m 增长缓慢但 A_r 增长相对较快。从图 7-16（a）和图 7-16（b）的曲线变化趋势可以看出，A_m 和 A_r 分别受 k_m 和 k_r 的影响较大。因此，合作社和超市为了减少广告投入，将会尽可能减小自

身的效应系数 k_m 和 k_r。更值得注意的是，自身效用系数的增大对自身广告投入的影响将更大。

（3）随着效应系数 k_m 和 k_r 的增大，合作社期望效用 $E(U_m)$ 和超市期望效用 $E(U_m)$ 增大。期望效用 $E(U_m)$ 随 k_m 的增加而缓慢增长，随 k_r 的增加而相对快速增长。从图 7-16（c）中曲线的变化趋势也可以看出，期望效用 $E(U_r)$ 随着 k_r 的增加而缓慢增长，而随着 k_m 的增加而相对快速增长。这些结论与图 7-16（d）仿真结果一致。对方的效应系数对其自身的期望效用影响更大。因此，为了获得更大的期望效用和更少的广告投入，在降低自身广告投入效应系数的同时，合作社和超市更愿意增加对方的广告投入效应系数以获得更大的收益。

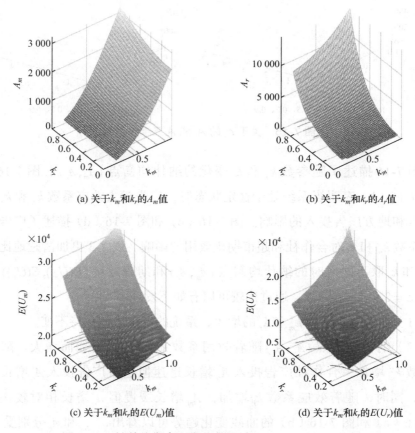

(a) 关于 k_m 和 k_r 的 A_m 值   (b) 关于 k_m 和 k_r 的 A_r 值

(c) 关于 k_m 和 k_r 的 $E(U_m)$ 值   (d) 关于 k_m 和 k_r 的 $E(U_r)$ 值

图 7-16 纳什均衡点和期望效用（ $\alpha_1 = 3.5$ ， $\alpha_2 = 3.5$ ）

表 7-3　关于 k_m 和 k_r 的纳什均衡点 (A_m, A_r) 和期望效用 $(E(U_m), E(U_r))$

（ $\alpha_1 = 3.5$ ， $\alpha_2 = 3.5$ ）

(A_m, A_r) $(E(U_m), E(U_r))$	$k_m = 0.3$	$k_m = 0.5$	$k_m = 0.7$	$k_m = 0.9$
$k_r = 0.3$	（237.3，365） （19 090，7 694）	（650.1，400.4） （19 500，8 439）	（1 272，457.3） （20 130，9 618）	（2 098，537.4） （20 960，11 310）
$k_r = 0.5$	（251.9，1 148） （19 970，8 193）	（697.3，1 262） （20 420，9 013）	（1 359，1 444） （21 090，10 310）	（2 230，1 704） （21 970，12 160）
$k_r = 0.7$	（280.6，2 749） （21 470，9 072）	（772.7，3 038） （21 960，10 030）	（1 459，3 494） （22 700，11 530）	（2 429，4 141） （23 670，13 660）
$k_r = 0.9$	（320.9，6 148） （23 830，10 570）	（877.3，6 834） （24 390，11 750）	（1 665，7 903） （25 220，13 590）	（2 650，9 396） （26 290，16 160）

7.5.5　混沌控制

　　基于以上研究分析，系统频繁出现混沌状态，这将不利于农产品供应链的稳定竞争，对收益和社会福利都是不利的。因此，供应链上的合作社和超市都尽力采取措施防止市场进入倍周期分岔乃至混沌状态。

　　结合相关文献分析，本小节采用参数控制方法对系统的混沌现象实施控制。这里设置控制参数 m。合作社和超市在制定经营策略时，应控制好自身的相关变量的调整速度。受控后式（7-18）可表示为

$$\left\{\begin{array}{l} A_m(t+1)=(1-m) \\ \left\{A_m(t)+\alpha_1 A_m(t)\left[\dfrac{wk_m}{4\sqrt{A_m(t)}}\left(1-\dfrac{k_r^{\,3}(G-k_m\sqrt{A_m(t)})}{F\sqrt{\dfrac{k_r^{\,2}(G-k_m\sqrt{A_m(t)})^2}{F}}}\right)+\dfrac{uk_r^{\,2}k_m(G-k_m\sqrt{A_m(t)})}{F\sqrt{A_m(t)}}-1\right]\right\}+ \\ mA_m(t) \\ A_r(t+1)=(1-m) \\ \left\{A_r(t)+\alpha_2 A_r(t)\left[\left(k_m\sqrt{A_m(t)}+k_r\sqrt{\dfrac{k_r^{\,2}(G-k_m\sqrt{A_m(t)})^2}{F}}-G\right)\dfrac{k_r}{4\sqrt{A_r(t)}}-1+u\right]\right\}+ \\ mA_r(t) \end{array}\right. \qquad (7\text{-}24)$$

图 7-17 是关于参数 m 的分岔图和最大李雅普诺夫指数谱，其中，$\alpha_1=4.9$，$\alpha_2=7$。当参数 $m=0.185$ 时，系统由混沌状态逐步变为稳定状态。随着参数 m 的增大，(A_m,A_r) 重新回到纳什均衡点 $(407.2,162.8)$。

从图 7-18 中稳定区域的对比分析可以发现，与图 7-3 中没有混沌控制时相比，系统受控后稳定区域的范围明显变大。通过对 $m=0.1$、0.2、0.3、0.4 时比较分析，系统稳定区域随参数 m 的增大而扩大。然而，纳什均衡点 (A_m,A_r) 不随参数 m 的变化而改变，始终保持在稳定点 $(407.2,162.8)$。

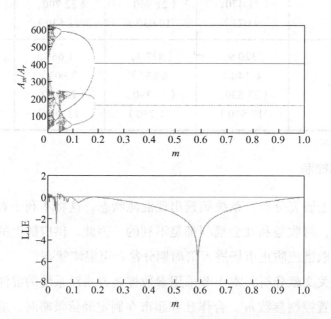

图 7-17　关于 m 的 A_m、A_r 分岔图和最大李雅普诺夫指数谱

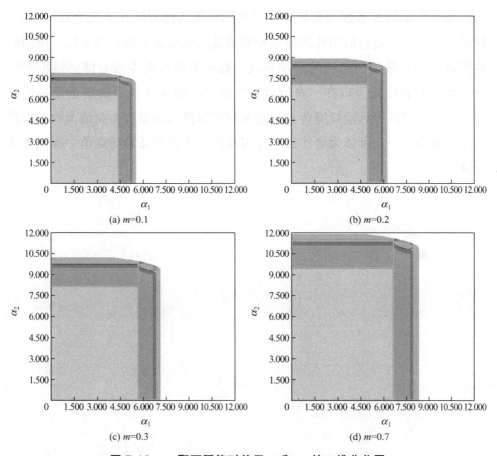

(a) $m=0.1$　　　　　　　　　　(b) $m=0.2$

(c) $m=0.3$　　　　　　　　　　(d) $m=0.7$

图 7-18　m 取不同值时关于 α_1 和 α_2 的二维分岔图

7.6　本章小结

　　本章构建具有风险规避行为的合作社主导供应链的动态斯塔克尔伯格博弈模型，将合作广告策略应用到供应链企业的营销决策，基于斯塔克尔伯格博弈理论和非线性动力学理论，应用系统的稳定域、分岔图、吸引域图和最大李雅普诺夫指数图等方法，研究"农超对接"供应链系统的博弈竞争和复杂的动力学行为，并通过数值模拟仿真比较企业的期望效用。研究结果表明，企业广告投入调整速度、地方广告投入参与率、企业风险规避水平、广告投入效应系数等参数的变化将会导致系统失去稳定性并演化为混沌状态。同时，合作社和超市的纳什均衡点和期望效用也会发生较大的变化。应用参数控制方法有效控制系统的混沌现象。通过分析相关参数对博弈模型的影响，超市和合作社可以在"农超对接"供应链市场竞争中制定企业最优策略。研究结果可为风险规避背景下企业的广告投入决策和企业最大收益提供重要决策参考，并可以为合作社和超市在激烈的农产品市场竞争中提供实践指导。

第8章　结论

本书把博弈理论和非线性动力学理论结合并将其应用到农产品供应链企业竞争，分别基于古诺模型、伯特兰德模型、古诺－伯特兰德混合模型和斯塔克尔伯格模型，结合不同理性预期、非线性成本函数、溢出效应、广告成本分担理论等，建立农产品供应链企业动态博弈模型，研究其内在复杂性。本书借助混沌理论得到博弈均衡点和纳什均衡点的局部稳定性区域，利用系统仿真结果分析系统复杂的动力学行为，如倍周期分岔、混沌特征、初值敏感性、混沌吸引子和李雅普诺夫指数等，得出农产品企业销售量或者价格调整速度在稳定区域变化时，系统的纳什均衡点处于稳定状态。当销售量或者价格的调整速度超过系统的稳定区域，将会产生倍周期分岔直至混沌状态。本书根据企业博弈过程中产生的混沌现象，分别利用延迟反馈控制法以及系统变量的状态反馈和参数调节控制策略对农产品市场的混沌状态进行有效的控制，同时利用倍周期分岔图、李雅普诺夫指数谱、系统时间序列等验证混沌控制，并提出了具体的控制策略。这为农产品供应链市场发展提供了理论指导，也为政府对农产品市场的宏观调控提供了可靠的理论依据。纵观全书，主要有以下几方面的研究成果。

（1）本书采用博弈论和混沌动力学理论研究农产品供应链企业竞争问题，研究多要素影响下的农产品供应链同级企业及上下游企业动态博弈问题，以及系统稳定性和各成员间的协调控制，分别建立了更符合实际情况的数学模型，并用数值的方法模拟了系统的演化过程。研究结果表明，农产品企业的调整速度过快会导致市场不稳定，企业竞争也就变得更加复杂，农产品供应链市场会陷入无序的竞争状态。

（2）本书建立以销售量和价格作为决策变量的改进古诺模型和伯特兰德模型，而且首次将改进的古诺－伯特兰德混合模型引入农产品供应链市场的竞争中，建立以销售量和价格的混合变量作为决策变量的动力学模型。本书采用数值模拟的方法，分析了调整速度、风险规避水平、地方广告投入参与率、广告投入效应系数对系统复杂性和期望效用的影响，并提出符合企业收益的动态决策，使模型更加切合现实供应链实际情况，是传统供应链博弈模型的深化和完善。

（3）本书根据农产品企业受品牌知名度、产品质量、市场占有率等条件的限制而对未来市场作出不同理性预期的情况，假设企业分别具有简单理性预期、自适应预期、有限理性预期。这种不同理性博弈模型更加符合农产品供应链企业在市场中的位置和现状，避免陷入混沌等不可预测的状态。本书从经济学的角度分析和证实了混沌现象对企业的危害，并在此基础上，分别采用两种不同的混沌控制方法有效控制系统的混沌状态，使得分岔和混沌现象被推迟或消失，系统重新稳定到纳什均衡点处，农产品市场重新回到有序的竞争状态。这为政府部门出台相关政策，规范农产品市场竞争提供了理论指导。

（4）本书以"农超对接"供应链的合作社和超市为研究主体，从供应链决策理论视角，分别建立具有风险规避行为的合作社–超市供应链的斯塔克尔伯格动态博弈模型，重点研究供应链企业在市场竞争中的动态博弈过程。研究结果表明，适当的地方广告投入参与率不仅有利于企业的收益，而且有利于农产品供应链市场的稳定，然而这需要合作社在供应链市场竞争中不断作出企业的战略决策调整。合作社和超市为了经济收益会尽量降低自身的风险规避水平，这使得企业规避风险能力减弱。然而，在现实的市场竞争中，企业需要尽可能地去规避风险，保证市场的稳定竞争，避免市场的动荡混乱。因此，在"农超对接"供应链市场竞争中，企业不可能长期处于稳定发展的状态，市场终将走向混沌。当市场处于混沌状态时，加入延迟反馈控制后，市场混沌状态被推迟甚至消除，市场重新回归稳定竞争状态。决策者可以有效地运用混沌控制方法来减少企业收益方面的损失。

参 考 文 献

[1] 刘佳，李鹏杰，范林.经济欠发达地区研究生招生质量现状分析及提升对策研究——以黑龙江省某高校为例 [J].经济师，2022，（10）：143-144，146.

[2] 左秋雪，张倩，张晓北，等.教育综合改革视角下专业学位研究生培养探索——以 MPAcc 为例 [J].经济师，2023，（05）：163-165.

[3] 诺伊曼.博弈论与经济行为 [M].博弈论与经济行为，2004.

[4] Mccain K W, Mccain R A. Influence & Incorporation：John Forbes Nash and the "Nash Equilibrium" [J]. Proceedings of the American Society for Information Science Technology，2011.

[5] 李楠，王秀繁.西方经济学 [M].北京：中国铁道出版社，2010.

[6] Stéphane Le R. Acyclicity of Preferences，Nash Equilibria，and Subgame Perfect Equilibria：a Formal and Constructive Equivalence[J]. HAL-INRIA，2007.

[7] Harsanyi, John C. Games with Incomplete Information Played by "Bayesian" Players，I-III Part I. The Basic Model[J]. Management Science，1967，14（3）：159-182.

[8] Wilson K R. Reputation and Imperfect Information[J]. Journal of Economic Theory，1982.

[9] Fudenberg D，Tirole J. Upgrades，Tradeins，and Buybacks[J]. RAND Journal of Economics，1998，29.

[10] Wildasin D E. James A. Mirrlees and William Vickrey：The Nobel Laureates and Their Contributions to Public Economics[J]. International Tax&Public Finance，1998.

[11] 杨安怀，何璋.西方经济学 [M].北京：北京师范大学出版社，2010.

[12] 张维迎.博弈论与信息经济学 [M].上海：上海人民出版社，2002.

[13] Nagarajan M，Sošić G. Game-theoretic Analysis of Cooperation Among Supply Chain Agents：Review and Extensions[J]. European Journal of Operational Research，2008，187（3）：719-745.

[14] Koide T，Sandoh H. Economic Analysis of an N-unit Parallel Redundant System Based on a Stackelberg Game Formulation[J]. Computers & Industrial Engineering，2009，56（1）：388-398.

[15] Suijs J，Waegenaere A D，Borm P. Stochastic Cooperative Games in Insurance[J]. Insurance Mathematics Economics，1998.

[16] Collins R，Sherstyuk K. Spatial Competition with Three Firms：An Experimental

Study[J]. Working Papers，1999.

[17] 区毅勇．寡头市场结构中的企业竞争策略——基于动态竞争的视角 [J]. 企业经济，2003，（7）：5-7.

[18] 彭运芳．信息不对称情况下寡头市场决策的动态博弈 [J]. 中国软科学，2004，（5）：4.

[19] 曾武．动态寡头市场博弈条件下企业创新能力的产品创新及工艺创新选择 [J]. 管理学报，2012，9（5）：772.

[20] 巩永华，李帮义．不同博弈构式下三寡头差异化竞争和歧视定价策略 [J]. 系统工程，2010，（4）：5.

[21] 袁梁．双寡头垄断市场的纵向产品差异化与价格博弈分析 [J]. 统计与决策，2011，（12）：3.

[22] 刘国亮，冯立超，刘佳．企业价值创造与获取研究——基于价值网络 [J]. 学习与探索，2016，（12）：124-127.

[23] 龚利，郭菊娥，张国兴．可进入与退出的不对称双寡头投资博弈模型 [J]. 中国管理科学，2010，18（1）：52-57.

[24] Tsay A A，Agrawal N. Channel Conflict and Coordination in the E-Commerce Age[J]. Production and Operations Management，2004，13（1）：93-110.

[25] Li B，Chen P，Li Q，Wang W. Dual-channel Supply Chain Pricing Decisions with a Risk-averse Retailer[J]. International Journal of Production Research，2014，52（23-24）：7132-7147.

[26] Zhang P，Xiong Y，Xiong Z. Coordination of a Dual-channel Supply Chain after Demand or Production Cost Disruptions[J]. International Journal of Production Research，2015，53（10）：3141-3160.

[27] Panda S，Modak N M，Sana S S，Basu M. Pricing and Replenishment Policies in Dual-channel Supply Chain under Continuous Unit Cost Decrease[J]. Appl Math Comput，2015，256（C）：913-929.

[28] Ma J，Guo Z. Research on the Complex Dynamic Characteristics and RLS Estimation's Influence Based on Price and Service Game[J]. Mathematical Problems in Engineering，2015，2015（pt.11）：302506.302501-302506.302513.

[29] Strogatz，Stevenh. Nonlinear dynamics and Chaos：with Applications to Physics，Biology，Chemistry，and Engineering[M]. Perseus Books Publishing，2000.

[30] Lorenz E N. Deterministic Nonperiodic Flow[J]. Springer New York，2004.

[31] Ruelle D，Takens F. On the nature of Turbulence[J]. Communications in Mathematical

Physics，1971，20（3）：167-192.

[32] Li T Y，Yorke J A. Period Three Implies Chaos[J]. The American Mathematical Monthly，1975，82（10）：985.

[33] May R M. Simple Mathematical Models with Very Complicated Dynamics[J]. Nature，1976，261（5560）：459-467.

[34] Feigenbaum M J. Quantitative Universality for a Class of Nonlinear Transformations[J]. Journal of Statistical Physics，1978，19（1）：25-52.

[35] 郝柏林 . 分岔、混沌、奇怪吸引子、湍流及其它——关于确定论系统中的内在随机性 [J]. 1983，（03）：63-150.

[36] Pecora L M，Carroll T L. Synchronization in Chaotic Systems[J]. Physical Review Letters，1990，64（8）：821-824.

[37] Michael，J，Stutzer. Chaotic Dynamics and Bifurcation in a Macro Model[J]. Journal of Economic Dynamics Control，1980.

[38] Day R H. Irregular Growth Cycles[J]. Amereconrev，1982，72（72）：406-414.

[39] Rosser J B. From Catastrophe to Chaos：A General Theory of Economic Discontinuities [M]. From Catastrophe to Chaos：A General Theory of Economic Discontinuities，1991.

[40] Saiki Y，Chian A C L，Yoshida H. Economic Intermittency in a Two-country Model of Business Cycles Coupled by Investment[J]. Chaos Solitons Fractals，2011.

[41] Kaizoji T. Intermittent Chaos in a Model of Financial Markets with Heterogeneous agents[J]. Chaos Solitons Fractals，2004，20（nlin/0312065）：323-327.

[42] 浦小松 . 一类寡头垄断市场产量博弈及混合模型的动力学研究 [D]. 天津大学，2012.

[43] 何孝星，赵华 . 关于混沌理论在金融经济学与宏观经济中的应用研究述评 [J]. 金融研究，2006，（7）：8.

[44] 杨自恒，周平，刘佳 . 基于 FPGA 的椭圆曲线点乘算法设计与实现 [J]. 仪器仪表学报，2009，30（07）：1546-1551.

[45] 张永东 . 上海股票市场非线性与混沌的检验 [J]. 管理工程学报，2003，17（3）：6.

[46] 徐争辉，刘友金，谭文 . 一个对称分数阶经济系统混沌特性研究 [J]. 系统工程理论与实践，2014，34（5）：6.

[47] 张金良，谭忠富 . 基于混合模型的原油价格混沌预测方法 [J]. 运筹与管理，2013，22（5）：7.

[48] 高英慧，高雷阜 . 基于混沌理论的地方政府债务风险预警管理研究 [J]. 社会科学辑

刊，2013，（4）：5.

[49] 李庆，赵新泉. 欧债危机及中国财政收支混沌系统分析 [J]. 中南财经政法大学学报，2013，（5）：8.

[50] 徐豪，陈柳鑫，杨建超，等. 基于动态微分博弈的供应链产品创新成本分担机制与政府补贴机制研究 [J]. 运筹与管理，2024，33（09）：42-48.

[51] Puu T. Chaos in Duopoly Pricing[J]. Chaos, Solitons Fractals, 1991, 1（6）：573-581.

[52] Puu T. Complex Dynamics with Three Oligopolists[J]. Chaos Solitons Fractals, 1996, 7（12）：2075-2081.

[53] Ahmed E, Agiza H N, Hassan S Z. On Modeling Hepatitis B Transmission Using Cellular Automata[J]. Journal of Statistical Physics, 1998, 92（3）：707-712.

[54] Ahmed E, Agiza H N. Dynamics of a Cournot Game with n-Competitors[J]. Chaos Solitons & Fractals, 1998, 9（9）：1513-1517.

[55] Ahmed E, Agiza H. N, Hassan S Z. On Modelling Advertisement in Cournot Duopoly[J]. Chaos Solitons Fractals, 1999.

[56] Hassan S Z, Ahmed E, Agiza H. N. On Modifications of Puu's Dynamical Duopoly[J]. Chaos, Solitons Fractals, 2000.

[57] Bischi G I, Mammana C, Gardini L. Multistability and Cyclic Attractors in Duopoly games[J]. Chaos Solitons & Fractals, 2000, 11（4）：543-564.

[58] Dieci R, Bischi G I, Gardini L. From Bi-stability to Chaotic Oscillations in a Macroeconomic Model[J]. Chaos Solitons & Fractals, 2001, 12（5）：805-822.

[59] Bischi G I, Gardini L, Kopel M. Analysis of Global Bifurcations in a Market Share Attraction Model[J]. Journal of Economic Dynamics Control, 2000, 24（5-7）：855-879.

[60] Valori B. Nonlinear Effects in a Discrete-time Dynamic Model of a Stock Market[J]. Chaos Solitons & Fractals, 2000.

[61] Jixiang Z. Analysis of Duopoly Game with Different Rationality in Oligopoly Market[J]. Journal of Southeast University（Natural Science Edition）, 2006.

[62] Elsadany A A. Dynamics of a Delayed Duopoly Game with Bounded Rationality[J]. Mathematical & Computer Modelling, 2010, 52（9-10）：1479-1489.

[63] Liu J, Liu G, Li N, Xu H. Dynamics Analysis of Game and Chaotic Control in the Chinese Fixed Broadband Telecom Market[J]. Discrete Dynamics in Nature and Society, 2014, 2014：1-8.

[64] Jaipuria S, Mahapatra S S. An Improved Demand Forecasting Method to Reduce Bullwhip Effect in Supply Chains[J]. Expert Systems with Applications, 2014, 41 (5): 2395-2408.

[65] Guo Y H, Ma J. Research on Game Model and Complexity of Retailer Collecting and Selling in Closed-loop Supply Chain-ScienceDirect[J]. Applied Mathematical Modelling, 2013, 37 (7): 5047-5058.

[66] Karray S, Amin S H. Cooperative Advertising in a Supply Chain with Retail Competition[J]. International Journal of Production Research, 2014, 53 (1): 88-105.

[67] Ma J, Ren H, Yu M, Zhu M. Research on the Complexity and Chaos Control about a Closed-Loop Supply Chain with Dual-Channel Recycling and Uncertain Consumer Perception[J]. Complexity, 2018, 2018: 1-13.

[68] Ma J, Hong Y. Dynamic Game Analysis on Pricing and Service Strategy in a Retailer-led Supply Chain with Risk Attitudes and Free-ride Effect[J]. Kybernetes, 2021, 51 (3): 1199-1230.

[69] Ma J, Tian Y, Xu T, Koivumäki T, Xu Y. Dynamic Game Study of Multi-channel Supply Chain under Cap-and-trade Regulation[J]. Chaos, Solitons & Fractals, 2022, 160.

[70] Schweitzer M E, Gérard P C. Decision Bias in the Newsvendor Problem with a Known Demand Distribution: Experimental Evidence[J]. Management Science, 2000, 46 (3): 404-420.

[71] Agrawal V, Seshadri S. Impact of Uncertainty and Risk Aversion on Price and Order Quantity in the Newsvendor Problem[J]. Manufacturing & Service Operations Management, 2000, 2 (4): 410-423.

[72] Xu G, Dan B, Zhang X, Liu C. Coordinating a Dual-channel Supply Chain with Risk-averse Under a Two-way Revenue Sharing contract[J]. International Journal of Production Economics, 2014, 147: 171-179.

[73] Yan B, Jin Z, Liu Y, Yang J. Decision on Risk-averse Dual-channel Supply Chain under Demand Disruption[J]. Communications in Nonlinear Science and Numerical Simulation, 2018, 55: 206-224.

[74] Zhou Y-W, Li J, Zhong Y. Cooperative Advertising and Ordering Policies in a Two-echelon Supply Chain with Risk-averse agents[J]. Omega, 2018, 75: 97-117.

[75] Berger P D. Vertical Cooperative Advertising Ventures[J]. Journal of Marketing Research, 1972, 9 (3): 309-312.

[76] Karray S, Zaccour G. Could co-op Advertising be a Manufacturer's Counterstrategy

to Store Brands？ [J]. Journal of Business Research，2006，59（9）：1008-1015.

[77] Xie J，Wei J C. Coordinating Advertising and Pricing in a Manufacturer-retailer Channel[J]. European Journal of Operational Research，2009，197（2）：785-791.

[78] Sarkar B，Omair M，Kim N. A cooperative Advertising Collaboration Policy in Supply Chain Management Under Uncertain Conditions[J]. Applied Soft Computing，2020，88.

[79] Xiao D，Zhou Y-W，Zhong Y，Xie W. Optimal Cooperative Advertising and Ordering Policies for a Two-echelon Supply Chain[J]. Computers & Industrial Engineering，2019，127：511-519.

[80] Chen T H. Coordinating the Ordering and Advertising Policies for a Single-period Commodity in a Two-level Supply Chain[J]. Computers & Industrial Engineering，2011，61（4）：1268-1274.

[81] Liu J，Li C. Dynamic Game Analysis on Cooperative Advertising Strategy in a Manufacturer-Led Supply Chain with Risk Aversion[J]. Mathematics，2023，11（3）.

[82] 孙立建. 基于"产能合作"的一类制造业上下游寡头混合博弈的复杂性研究 [D]. 天津大学，2016.

[83] 刘克飞. 基于博弈论的电信运营商竞合关系研究 [D]. 河北工业大学，2012.

[84] 李秋香. 风险规避型供应链博弈模型及其复杂性研究 [D]. 天津大学，2015.

[85] 西蒙. 管理行为 [M]. 北京：机械工业出版社，2004.

[86] Katok A. Topological entropy and Axiom A[J]. Publications Mathématiques De Linstitut Des Hautes tudes entifiques，1980，51（1）：137-173.

[87] Kolmogorov A. Three approaches to the quantitative definition of information[J]. International Journal of Computer Mathematics，1968，2：157-168.

[88] 陆君安. 混沌时间序列分析及其应用 [M]. 武汉：武汉大学出版社，2002.

[89] Chacon. Suppression of Chaos by Selective Resonant Parametric Perturbations[J]. Physical review E，Statistical Physics，Plasmas，Fluids，and Related Interdisciplinary Topics，1995，51（1）：761-764.

[90] Peng B，Petrov V，Showalter K. Controlling Chemical Chaos[J]. Journal of Physical Chemistry，2002，95（13）：4957-4959.

[91] Pyragas. Continuous Control of Chaos by Self-controlling Feedback[J]. Physics Letters A，1992.

[92] Elabbasy E M，Agiza H N，Elsadany A A. Analysis of Nonlinear Triopoly Game with

heterogeneous players[J]. Computers & Mathematics with Applications，2009，57（3）：488-499.

[93] 陈式刚，王文杰，王光瑞. 储存环型自由电子激光器光场混沌的控制 [J]. 物理学报，1995，（06）：24-33.

[94] 解东川. 基于演化博弈的"农超对接"供应链稳定性与协调研究 [D]. 电子科技大学，2015.

[95] Giri B C，Sharma S. Manufacturer's Pricing Strategy in a Two-level Supply Chain with Competing Retailers and Advertising Cost Dependent Demand[J]. Economic Modelling，2014，38：102-111.

[96] Choi T-M，Ma C，Shen B，Sun Q. Optimal Pricing in Mass Customization Supply Chains with Risk-averse Agents and Retail Competition[J]. Omega，2019，88：150-161.

[97] Karray S. Periodicity of Pricing and Marketing Efforts in a Distribution Channel[J]. European Journal of Operational Research，2013，228（3）：635-647.

[98] Guo Z，Ma J. Dynamics and Implications on a Cooperative Advertising Model in The Supply Chain[J]. Communications in Nonlinear Science and Numerical Simulation，2018，64：198-212.

[99] Li T，Ma J. Complexity Analysis of Dual-channel Game Model with Different Managers' Business Objectives[J]. Communications in Nonlinear Science and Numerical Simulation，2015，20（1）：199-208.

[100] Ma J，Guo Z. The Influence of Information on the Stability of a Dynamic Bertrand Game[J]. Communications in Nonlinear Science and Numerical Simulation，2016，30（1-3）：32-44.